인공지능을 이기는 생각

인공지능을 이기는 생각

발행일   2021년 10월 8일

지은이   전왕   일러스트   아영
펴낸이   손형국
펴낸곳   (주)북랩
편집인   선일영   편집   정두철, 배진용, 김현아, 박준, 장하영
디자인   이현수, 한수희, 김윤주, 허지혜   제작   박기성, 황동현, 구성우, 권태련
마케팅   김회란, 박진관
출판등록   2004. 12. 1(제2012-000051호)
주소   서울특별시 금천구 가산디지털 1로 168, 우림라이온스밸리 B동 B113~114호, C동 B101호
홈페이지   www.book.co.kr
전화번호   (02)2026-5777   팩스   (02)2026-5747

ISBN   979-11-6539-992-4 03190 (종이책)   979-11-6539-993-1 05190 (전자책)

(주)북랩 성공출판의 파트너
북랩 홈페이지와 패밀리 사이트에서 다양한 출판 솔루션을 만나 보세요!
홈페이지 book.co.kr   •   **블로그** blog.naver.com/essaybook   •   **출판문의** book@book.co.kr

작가 연락처 문의 ▸ ask.book.co.kr
작가 연락처는 개인정보이므로 북랩에서 알려드릴 수 없습니다.

인공지능을 이기는 생각

- EQ와 MQ 높이기

전 왕 지음

북랩 book Lab

시(詩)와 철학은 인공지능을 이긴다

인공지능은 계산 능력, 정보저장 능력만 가지고 있어 사람의 직관이 필요한 업무에는 인간을 능가할 수 없다고 인식되어 왔다. 그러나 최근에는 사람의 직관이 필요한 업무, 예컨대 게임 중에서 가장 직관적 전략을 필요로 하는 바둑에서도 인공지능은 인간의 능력을 넘어서게 되었다. 2016년에 인공지능 알파고와 바둑을 둔 대국자들은 알파고가 마치 지능을 가진 생명체 같았다고 그 느낌을 술회하였다. 딥러닝(deep learning) 기술을 탑재한 인공지능은 스스로 학습하고 추론을 하고 판단을 내린다. 인공지능이 IQ 10,000을 돌파하게 되면 주입식 교육은 무의미해지고 인류의 모든 지능을 합한 것보다 더 높은 지능을 가진 특이점(singularity)에 도달하게 된다. 그러면 인간이 할 수 있는 업무영역은 현격히 줄어들게 된다. 인공지능이 발달하기 전에는 전문가는 기계에 의해 대체되지 않는다고 보았으나 이제는 전문가도 인공지능에 의해 쉽게 대체될 수 있게 되었다. 예컨대 인공지능 의사는 새로운 질병, 신약에 대한 정보, 모든 질병에 대한 전문지식을 가지고 있고 서비스 질이 높고 실수도 없을 뿐 아니라 피곤하다고 불평하지 않는다. 작고 연약한 참새가 둥지를 짓는 것을 도와줄 부엉이를 불러들이자고 했을 때 부엉이는 길들여서 가축화하기 어렵다고 우려한 참새가 있었다는 우화처럼 인공지능은 인간의 의사결정 능력과 판단 능력을 위축시킬 수 있고 범죄에 이용될 수 있으며 인간의 일자리를 빼앗아 사회적으로 무용한 계급을 확산시킬 위험성도 있다. 인공지능이 주도하는 새로운 문명의 시대는 기계문명과 소수의 빅테크 기업이 주도하는 디스토피아가 될 수도 있고 역설적으로 인간 고유의 능력과 감성으로 진정한 인간의 삶을 사는 세상이 될 수도 있다. 혹자는 인공지능 시대의 인류는 인공지능에게 지시를 내리는 계층과 인공지능의 지시를 받는 계급으로 나누어질 것이라고 예측한다.정보, 지식, 기술 분야에서 인류를 압도하는 인공지능보다 내가 더 잘할 수 있는 것은 무엇인가. 이것을 염두에 두지 않으면 인공지능 시대의 유능한 인간으로 살아가기 어렵다. 인공지능이 인간을 대체하기 어려운 분야는 공감 능력과 감정기술이 필요한 분야, 자동화가 어려운 분야, 투자가치가 없고 취미나 재미로 할 수 있는 분야(봉사활동, 고고학 등)이다. 앞으로 인간이 가진 정보, 지식, 기술은 인공지능에 의해 대부분 대체될 것이지만 통합적 사고력을 갖춘 통찰력 있는 사람, 창의적 사고력을 가진 상상력 풍부한 천재, 부처나 예수 같은 성자, 자원봉사자, 휴먼케어 산업 종사자, 엔터테이너 등은 인공지능으로 대체되기 어려울 것이다. 인공지능은 지식, 정보저장, 기술 면에서 인간을 능가하지만 결국 인간을 흉내 낸 것에 불과하므로 철학적 사고력, 창조적 능력, 공감 능력, 통합 능력과 유연성 면에서 인간을 넘어설 수 없다. 인공지능이 갖추지 못한 인간의 장점은 영상, 소리, 냄새, 맛 등 감각을 떠올리는 능력, 유추 능력, 철학적 깨달음과 성찰을 이끌어내는 능력, 사고를 변형하거나 확장하는 능력, 감정이입, 사랑과 연민을 불러일으키는 능력, 정(情)과 그리움을 느끼게 하는 능력, 다중감각(감각의 통합)으로 종합적 이해에 도달하는 능력 등이다. 이와 같이 인공지능이 갖추지 못한 인간의 장점을 강화할 수 있는 분야는 시(詩)와 철학이다.

시(詩)와 철학은 인공지능(AI)을 이긴다. 인공지능이 주도하는 새로운 문명의 시대, 우리가 시를 읽고 철학을 이해해야 할 이유는 충분하다. 시(詩)와 철학은 EQ(감성지수-감성), MQ(도덕성지수-인성)를 높일 수 있는 최고의 소재이다.

지성, 감성, 인성을 두루 갖춘 인재는 인공지능을 지배한다.

변호사 전원

목차

제1장 | 동물

제2장 | 식물

제3장 | 자연

제4장 | 자연현상

제5장 | 사물

제6장 | 인간

동물
animal

거미줄에 걸린 잠자리를 구해주어야 하는가?

누구에게도 삶의 무게는
결코 가볍지 않다
함부로 편들지 말라

오솔길 가운데 낯선 거미줄 / 아침 이슬 반짝하니 거기 있음을 알겠다

… 고추잠자리 / 망에 걸려 파닥이는 걸 보았다.

작은 삶 하나, 거미줄로 숲 전체를 흔들고 있다

함께 흔들리며 거미는 자신의 때를 엿보고 있다

순간 땀 식은 등 아프도록 시리다

- 이면우, 「거미」 중에서

이 장면에서는 누구든지 고추잠자리를 구해주고 싶을 것이다. 그러나 시인은 자신이 열아홉 살이라면 고추잠자리를 거미줄에서 떼어내 바람에 날려주고 스물아홉, 서른아홉이라면 거미줄을 몸으로 밀어 없앨 수도 있었지만 마흔아홉이 된 지금은 거미의 마음, 거미의 외로움을 알아야 할 나이라고 생각한다. 캄캄한 배 속을 채우기 위해 밤을 지새워 필사적으로 그물 짜기를 한 거미, 곧 겨울을 맞이해야 할 거미의 마음을 이해하고 시인은 그냥 지나친다.

나이 사십은 어떤 유혹에도 넘어가지 않는다는 불혹(不惑)의 나이다. Marx의 추종자들은 약자의 편이 되는 것이 시대의 요구이자 정의라고 하면서 지식인은 노동자와 연대해야 한다고 주장한다. 소외받은 약자의 편이 되어야 한다는 것은 얼핏 타당하고 정의로운 것처럼 보인다. 그러나 이것은 지적 허영심이자 오만의 발로이며 정의롭지도 않다. 사업가는 사업가대로의 사정이 있고 노동자에게는 노동자의 사정이 있기 때문에 이해관계가 상충될 경우 어느 한쪽을 편드는 것은 옳지 않다. 예수는 약자를 돌보라고 했지 편들라고 하지 않았다. 어느 편인지를 가리지 말고 옳은 편을 들어야 한다. 사실 좌파 지식인들이 노동자와의 연대를 강조함으로써 이득을 얻는 쪽은 주로 일방적으로 사상을 지도하고 조건을 제시하는 지식인이고 대다수 노동자들은 군중의 힘이 필요한 시위나 투표를 위한 동원의 대상이 될 뿐이다. 노동자들은 휴머니즘과 사회정의를 내세우는 좌파 지식인들의 지적 광희(狂喜)를 위한 수단, 고상한 혁명가들을 위한 제물이 되어 왔다. 사회주의 국가나 좌파정권하에서 노동자들의 삶이 더 어려워졌다는 역사적 사실은 그것을 증명하고 있다. 젊은 시절 인생의 목적을 추구하는 사람들은 자신이 하는 일의 중요성과 무게감을 느끼고 싶어 하고 자신이 더 큰 무언가와 연결되어 있다고 믿고 싶어 하고, 자신이 중요한 임무와 과업을 수행 중이고 무언가에 기여하고 있다고 믿기 때문에 대의를 내세우고 사회적 연대를 강조하는 좌파 세력에 이끌리게 된다. 그러나 불혹의 나이가 되면 미혹되어서는 안 된다. 이 시는 "젊은 시절 좌파가 아니라면 가슴이 없는 것이고 나이 들어서도 좌파로 있으면 머리가 없는 것이다"라는 말을 생각나게 한다. 나에게 힘이 있다고 하여 함부로 한쪽을 편드는 것은 정의를 왜곡한다. 이해당사자들의 자율적 합의에 맡기고 가급적 개입하지 말 것이며 그래도 어쩔 수 없이 개입해야 한다면 옳은 편을 들어야 한다.

거미줄

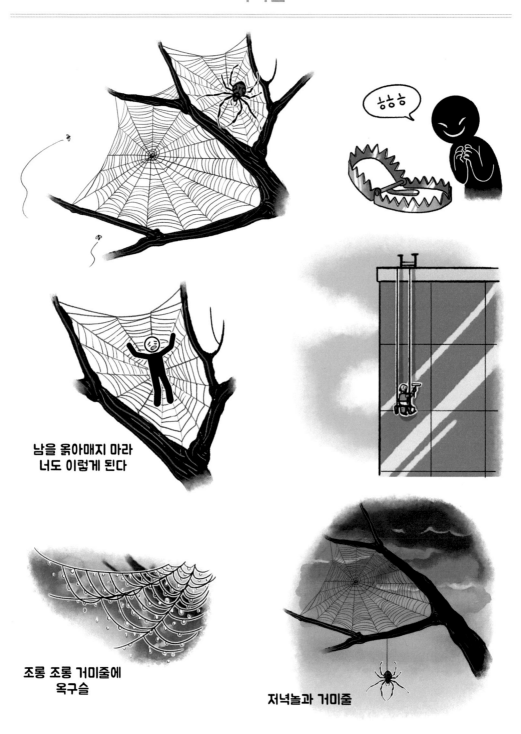

남을 옭아매지 마라
너도 이렇게 된다

조롱 조롱 거미줄에
옥구슬

저녁놀과 거미줄

거미줄은 나약한 자의 목숨을 노리는 덫이다. 거미는 허공에 그물을 쳐 놓고 먹이를 기다린다. 먹이가 걸리면 칭칭 감아 허공에 가둬 두고 오래 뜯어먹고 살아야 한다. 이러한 거미의 습성 때문에 시에서 거미는 음험하고 무서운 존재로 묘사되고 있다.

> 나약한 자의 여린 몸짓
> 스스로 사라질 때까지
> 먼 데서 바라보는
> 힘 가진 자의 비열한 웃음이여
>
> - 전은영, 「거미줄」 중에서

거미줄은 무엇을 옭아매기 위해 만든 것이다. 이러한 거미줄은 이익의 유혹에 넘어가 미끼를 덥석 물거나 권력의 덫에 걸리지 말고 처세에 조심하라는 경계의 상징으로 나타나기도 한다.

> 웃지마라
> 언젠가 너도
> 더 큰 거미줄의 제물이 되리니
>
> - 전은영, 「거미줄」 중에서

벼슬길에 오르거나 출세하였다고 권력에 아부하여 영달을 꾀하고 남을 옭아매려는 자들은 한때 큰 영광을 누릴 수 있지만 후일 그들은 더 큰 덫에 걸려 만고의 처량한 신세로 전락하게 된다.

저녁노을에 비쳐 보이는 거미줄에 매달린 거미, 봄비가 옥구슬처럼 매달려 있는 거미줄은 시에서 시각적 느낌을 잘 떠올리도록 아름답게 표현되고 있고 거미는 줄에 매달려 고층건물 유리벽을 닦는 청소노동자에 비유되기도 한다.

거미의 삶과 인생

거미는 배 속의 단백질 성분으로 섬유질의 거미줄을 뽑아내어 허공에 그물을 놓는다. 쉬지 않고 투망질을 한다. 그물을 쳐 놓고 운 좋게 먹이가 걸리기를 기다리지만 하루 종일 기다려도 먹이가 잘 걸리지 않는다. 요즘은 곤충도 눈치 빠른 세상이니 잘도 피해 간다. 거미의 삶은 인생과 비슷하다. 끊임없이 노력해도 성과는 없고 남들에게는 거저 얻어걸리는 것처럼 보이는 행운도 나에게는 오지 않는다. 시인은 오랫동안 노력하고 기다리며 서러운 세월을 보내 왔지만 손에 얻은 것이 없다. 사람들은 갈수록 영악해지고 세상살이가 쉽지가 않다. 그러나 바라는 것이 있기에 꿈을 포기하지 않고 설움에 몸을 태우며 기다리고 또 기다려본다.

나는 너무나 자주 설움과 입을 맞추었기 때문에
가을 바람에 늙어가는 거미처럼 몸이 까맣게 타버렸다.
- 김수영, 「거미」 중에서

거미가 쉬지 않고 허공에 투망질하는 것은
고운 점박이 푸른 부전나비의 눈부신 어떤 부분 때문이었다
- 김규태, 「거미의 기다림」 중에서

애써 노력하고 기다려도 인생에서 바라는 것을 얻는다는 보장은 없다. 특별한 행운을 타고난 소수의 사람들을 제외하고 대부분의 사람들에게 이 세상에서 보장된 것은 아무것도 없다. 오직 기회만 있을 뿐이다. 그 기회를 잡은 사람은 운이 좋은 것처럼 보인다. 그러나 기회는 아무나 잡는 것이 아니다. 실력을 길러 두고 항상 준비된 자세로 기회를 찾고 만들어야 한다. 거미줄에 먹이가 걸리기를 기다리듯이 요행을 기다려서는 안 된다. 행운을 거머쥔 사람들은 다양한 일을 시도하다가 우연이 겹쳐 성공한 사람들이다. 행운은 거저 오는 것이 아니라 어떤 목표를 가지고 끊임없이 무언가를 찾고 시도하는 사람에게 온다. 누구에게나 기회는 온다. 남의 행운을 시기하지 말고 기회가 왔을 때 잡을 수 있는 실력을 길러 두자.

나비가 앉았던 자리, 나비의 미덕, 바다와 나비

나비가 앉았던
자리

나비의
미덕

바다와
나비

• 나비가 앉았던 자리

한 마리 나비의 날갯짓은 많은 변화를 일으킨다. 나비가 앉았던 자리에는 꽃이 피고 지고 열매가 열린다.

이것도 사랑이라고 꽃이 피는구나 / 이것도 이별이라고 꽃이 지는구나
이것도 인연이라고 흔적이 남는구나 / 잠시 머무는 자리가 참 고요하구나
- 한옥순, 「나비가 앉았던 자리」 중에서

• 나비의 미덕

꽃은 수정을 위해 꿀로 나비를 유혹한다. 나비는 꽃과 꽃 사이를 날아다니며 꽃가루를 배달하고 수분(受粉, pollination)을 돕는다. 나비는 꽃 한 송이에만 머물러서는 안 된다. 되도록 많은 꽃을 건드려 가며 꽃이 활짝 피도록 해야 한다. 그것이 나비의 미덕이다.

나비 한 마리가 / 꽃 한 송이에게만 머무는 건 불륜이다.
- 박완호, 「나비의 연애론」 중에서

• 바다와 나비

아무도 그에게 수심을 알려 준 일이 없기에
흰 나비는 도무지 바다가 무섭지 않다.
청무밭인가 해서 내려갔다가 어린 날개가
물결에 젖어 지쳐서 돌아온다
- 김기린, 「나비」 중에서

나비의 날개에는 기름기가 있는 비늘 가루가 붙어 있어서 날개가 물에 젖지 않게 해준다. 날개에 물이 닿으면 또르르 굴러 바닥에 떨어진다. 그러나 거대한 파도가 덮치면 나비도 어쩔 수 없다. 이 시에서 나비는 세상 물정을 모르는 순수하고 연약한 존재를, 바다는 냉혹한 현실을 나타낸다. 사람은 현실을 인식하고 현실의 문제를 해결할 수 있는 능력을 먼저 갖추어야 한다. 냉혹한 현실을 직시하지 못하고 좋은 말, 공리공론만 일삼았다가는 자신과 가족의 안전을 지킬 수 없다.

나비는 복음의 천사

福音

나비는
복음의 천사

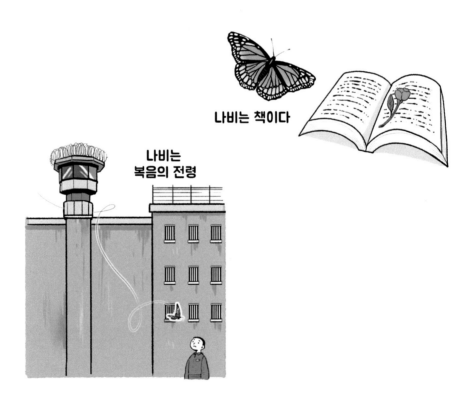

나비는 책이다

나비는
복음의 전령

나비는 따뜻한 봄바람을 타고 꽃을 찾아온다. 나비는 꽃가루를 배달하기 때문에 나비가 앉으면 꽃이 환해지고 생기를 띤다. 나비는 멀리서 찾아와 사람들의 가슴에도 봄을 가져온다.

겨우내 날고 싶었던 나비는
눈부신 햇살을 타고
푸른 파도를 건너와서
내 가슴에 금빛 봄을 달아준다
- 목필균, 「나비가 되는 꿈」 중에서

나비는 먼 길을 찾아와 외로운 들꽃을 위로해주고 교도소 담장을 넘어가 수형자를 위로해주기도 한다. 시인은 나비처럼 외로운 존재들에게 위안을 주는 사람이 되고 싶다. 나비처럼 빛과 온기를 전하는 복음의 전령이 되고 싶어 나비가 되는 연습을 한다.

그 노란 꿈을 위해 오늘도
난 겨드랑이에 날개 다는 연습을 한다
- 목필균, 「나비가 되는 꿈」 중에서

시인들은 나비를 글씨에 비유한다. 유추를 통해 상상력을 확장시켜 보자.

나비는 꽃이 쓴 글씨, 꽃이 꽃에게 보내는 쪽지, 꽃이 읽는 글씨다.
- 박지웅, 「나비를 읽는 법」 중에서

나비는 열렸다 닫혔다 하며 날아다니는 작은 책이다.
그 책은 올 봄의 신간이며 신비의 책으로서 읽으려 들면 휘발해 버리는 금박문자로 쓰여 있다.
- 박은율, 「나비」 중에서

나비는 작은 날개로 시간을 접었다 폈다 한다. 나비는 완전히 펼쳤다가 접는 데 한 생애가 다 걸리는 책이다.
그 책에는 신이 태초에 써 놓은 말씀, 벌레의 시간과 우화의 비밀(사람의 몸에 날개가 돋쳐 하늘로 올라가 신선이 된다는
우화등선 이야기), 전설(장자도 꿈인지 생시인지 자리가 나비인지 사람인지 몰랐다는 전설)이 담겨 있다.
- 복효근, 「나비」 중에서

개미는 일중독

개미의 근면성과 노동력은 타의 추종을 불허한다. 개미는 마치 일하기 위해 존재하는 생명체같이 무거운 짐을 지고 험한 바위투성이의 산악지형, 나무 위를 가볍게 오르내린다. 개미는 음식이 있는 곳이면 어디든지 침투하여 음식을 물어나르고 죽은 목숨들까지 뜯어 먹어 깨끗이 장례를 치른다. 개미의 엄청난 노동력에 비하면 인간이 오히려 보잘것없게 보인다.

멈추지 않는
삶의 현장을 본다
땡볕에 검게 탄
역군들을 본다
산같이 쌓아 놓은
저 거대한 토성(土城)
미물에 비해
인간은 얼마나 미약한가

- 박덕중, 「개미」 중에서

개미는 쉴 새 없이 일하고 실패하면 될 때까지 계속하고 포기를 모른다. 이런 개미의 모습에서 시인은 가족을 위해 죽도록 일하고 쓰러져도 금방 툭툭 털고 일터로 나가고 가끔씩 과로사하기도 하는 부모들의 모습을 본다. 빵 부스러기를 끌고 6개의 다리로 기어오르는 개미는 시인에게 땡볕에 허리띠 졸라매고 털털거리는 트럭 끌고 돌부리 비탈길 누비고 다니며 생선을 팔러 다니시는 아버지의 모습이다(정경미, 「개미는 시동을 끄지 않는다」). 한편 일렬로 늘어진 개미 행렬은 자식들을 위해 바느질하시던 어머니의 바늘에 따라가는 실처럼 보인다.

날마다 허리를 졸라매던 그녀
허기를 벌리는 입 봉할 수 없었네
날마다 늘어나는 틈새
독하게 기워내는 바늘
…
나 그녀로부터
바람 하나 들지 않는
옷 한 벌 얻어 입고 살았네

- 길상호, 「개미의 바느질」 중에서

개미로부터 얻는 깨달음

산다는 것은
다른 존재를 배려하며
비틀거리며 걷는 것

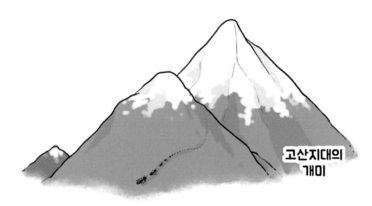

고산지대의
개미

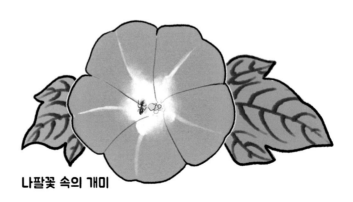

나팔꽃 속의 개미

사람들은 자기가 옳다고 생각할 때 좌우를 살피지 않고 그대로 직진하는 것이 일관성 있고 올바른 처신이라고 생각한다. 그러나 누구의 생각이 옳은지는 알 수 없다. 자기 입장만 고수하다 보면 부딪치거나 일이 어긋날 수도 있다. 시인은 길을 가다가 개미가 이사하는 것을 보고 방해할 수 없어서 이리저리 피하다 보니 걸음이 비틀거리게 된다(이진숙, 「개미를 위하여」). 시인은 세상을 바로 산다는 것은 내 생각대로 똑바로 직진하는 것이 아니라 다른 존재를 배려하면서 조심조심 비틀거리며 걷는 것이라는 깨달음에 이르게 된다.

영하 수십 도의 고산지대에도 개미가 있다. 개미는 눈 속에 뒹굴다가 묻혔다가 다시 헤쳐 나와 또박또박 길을 간다. 시인은 개미를 보고 삶을 생각한다. 고난을 극복하며 살아가는 삶이 아름다운 것인지, 아니면 알 수 없는 희망 때문에 끝까지 목숨을 부지하고 사는 것이 아름다운 것인지….

삶이 아름다운 건지
희망이 목숨인 건지
- 허형만, 「개미 한 마리」 중에서

개미가 꽃을 찾는 이유는 꽃이 꿀로 개미를 유혹하기 때문이다. 그러나 꽃이 아무 대가 없이 개미를 불러 꿀을 주는 것은 아니다. 나방이 꽃 속에 알을 낳아 애벌레가 나오면 꽃을 해치기 때문에 애벌레를 물리치기 위해 개미를 부르는 것이다. 나팔꽃 속에도 개미가 들어간다. 과학은 자연현상을 분석하고 정확한 원인과 결과를 따진다. 그러나 시인은 자연현상을 심미적으로 본다. 개미는 나팔을 불기 위해 꽃 속에 들어간 것이다.

개미는 어깨에 저보다 큰 나팔을 둘러메고
둥둥, 하늘의 목소리를 따라
입안 가득 채운 입김을 꽃 속에 불어 넣으니
아, 이 아침은 온통 강림하는
보랏빛 나팔소리와 함께
- 고영만, 「나팔꽃과 개미」 중에서

개미총과 공든 탑, 선행(善行)과 선업(善業)

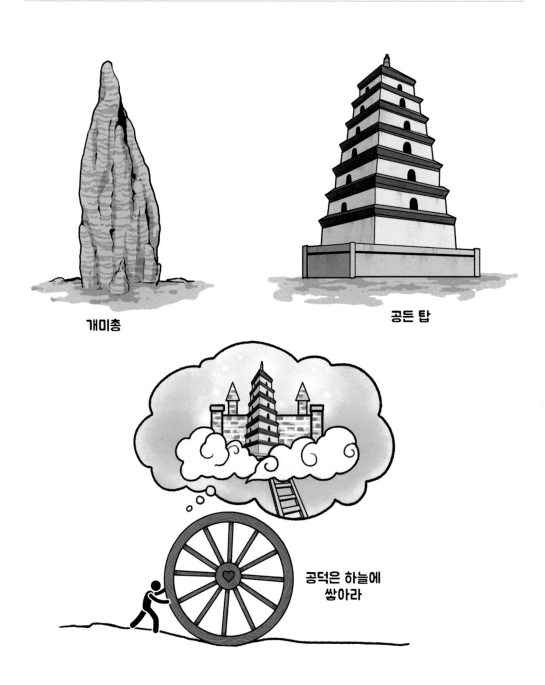

개미총

공든 탑

공덕은 하늘에
쌓아라

• 개미총과 공든 탑

개미는 흙, 모래, 가랑잎, 잔가지, 돌 부스러기 등 온갖 잡동사니를 잔뜩 물어다 개미총을 쌓는다. 시인은 이러한 개미에게서 인간의 모습을 본다.

제 잘난 것 하나 없어 / 아무 것이나 물고 뜯어 높이 쌓고
보아라 보아라 외치며 / 제가 이 세상에서 / 가장 높고 귀한 양 뽐내더라
- 최범영, 「개미탑」 중에서

사람들은 땀과 눈물로 자신의 성과를 이룩하고 자랑한다. 그러나 침 튀기며 싸우고 빼앗아 차지한 것으로 쌓아올린 사람들의 공든 탑은 개미총과 같이 별 가치가 없는 것인지도 모른다.

• 선행(善行)과 선업(善業)

바위는 강철보다 약하고 강철은 불보다 약하다. 불은 물로 끌 수 있고 구름은 물을 나른다. 구름은 바람에 흩어지지만 사람의 몸을 날려버리지 못한다. 몸은 두려움에 약하고 두려움은 술에 약하다. 하지만 잠이 쏟아지면 술도 마실 수 없으니 술은 잠보다 약하다.

최후의 잠은 죽음이므로 가장 강한 것은 죽음이다.
그러나 선의에서 우러나온 자비로운 행동은 우리를 죽음으로부터 구원해줄 수 있다.
- 『탈무드』 중에서

탈무드에서는 세상에서 가장 강한 것은 선행이라고 가르친다.

양 무제(464~549, 중국 남북조시대 양나라의 초대 황제)는 달마대사(527년 인도에서 중국으로 온 선승)에게 "나는 왕이 된 후 지금까지 많은 절을 짓고 경전을 펴냈으며 수많은 승려들을 보살펴 왔는데 그 공덕이 얼마나 크겠는가?" 하고 물었다. 달마대사는 "공덕이 없습니다"라고 대답하였다. 양무제가 생각한 공덕은 달마대사가 볼 때 모두 자질구레한 속세의 인과응보에 불과할 뿐 진정한 공덕이 아니다. 그것은 그림자처럼 있는 것 같지만 실제로는 존재하지 않는 것이다. 불교에서 진정한 공덕은 지혜를 깨쳐 아는 것이고 세상의 이해타산으로 구할 수 없는 것이다. 불교에서 가장 중요한 것은 크게 비우는 것이고 선업(善業)을 쌓는 일이다. 불교에서는 이승을 떠날 때 모든 것을 내놓고 가야 하지만 지은 업(業)은 계속 따라다니기 때문에 사는 동안 선업을 쌓으라고 한다.

달팽이는 무주택자, 달팽이는 퇴화된 인간

달팽이는 무주택자

무주택자

민달팽이

달팽이는
퇴화된
인간

조금 느릴 뿐
꾸준히 간다

• 달팽이는 무주택자

　달팽이는 집 같지 않은 집, 도피처도 안식처도 될 수 없는 연약한 집을 떠메고 어디로 가는지도 모르는 길을 간다. 민달팽이는 그런 허술한 집조차 없다. 집도 땅도 갖지 못한 채 불안한 삶을 살아가는 사람들은 달팽이에게 동질감을 느낀다.

• 달팽이는 퇴화된 인간

　달팽이는 딱딱한 껍질을 쓰고 힘들게 음지에서 생활하면서도 고집스럽게 움직인다. 운명의 실패를 반복하면서도 바위를 굴려 올리는 시지프스처럼 끊임없이 움직인다. 이러한 달팽이는 시인의 자화상이다. 시인은 마치 마녀의 주술에 빠진 사람들처럼 신념을 꺾지 않고 음지에서 힘겹게 노력한다. 이것은 비상을 위해 스스로 선택한 퇴화이며 자칭 '아름다운 퇴화'이다.

> 내가 퇴행을 각오하면서까지
> 너의 네 줄 가로무늬를 주술처럼
> 지니고 있는 이유를 나는 모른다
> 내 몸속 또 하나의 나인 너를
> 철갑으로 껴안고 있는 이 고집도 알 수 없다
> …
> 하여, 장마철 나의 힘겨운 산란은
> 너를 위한 아름다운 퇴화가 되고
> 　　　- 김철석, 「달팽이」 중에서

달팽이의 꿈

달팽이의 꿈

**달팽이는
젖지 않는다**

달팽이는 늘 음지에 있거나 젖은 곳에 있다. 쉽게 부서지는 연약한 껍질을 쓰고서도 제자리에 있지 않고 계속 움직인다. 시인은 달팽이에서 자신의 모습을 발견한다. 음지에서 힘겹게 노력하면서도 고집스럽게 움직이는 달팽이는 무엇을 꿈꾸는가?

> 빛깔 없는 나의 노래는
> 허공을 흔들고 단 한 순간
> 천년을 떨게 하는 오르가즘을 위해
> 그 황홀 같은 기절을 위하여
> 음지를 기어가며 너와 나의 살점을 뜯는다
> - 김철식, 「달팽이」 중에서

시인이 음지에서도 신념을 꺾지 않고 고집스럽게 남들이 알아주지 않는 시를 계속 쓰는 것은 단 한순간이라도 뭇 사람들의 가슴을 떨게 하는 감동을 줄 수 있는 그 황홀한 순간을 위해서이다. 죽기 전에 사람들의 마음을 울리는 노래 하나쯤은 남겨야 하고 그렇게 함으로써 적어도 한번은 신처럼 살아 보고 싶은 것이 시인들의 소망이다.

시인은 달팽이처럼 세상에 전송되지 않는 더듬이 같은 안테나를 달고 달팽이 껍질만 한 방구석에서 시를 쓴다. 세상 사람들은 빛나고 두드러진 것만을 좋아하나 시인은 가난하게 살면서도 사람들의 가슴을 울리는 노래 하나 남기기 위해 달팽이처럼 음지나 젖은 곳에서 꿈틀댄다. 그래서 시인은 시들지 않는다.

> 나는 비 오는 날에만 외출한다
> 햇살, 하늘, 그리고 직립…
> 사람들은 끝이 없는 뾰족한 것들에 대해서만
> 말하고 싶어 한다.
> 그러나, 그래도
> 그렇기 때문에
> 달팽이는 시들지 않는다
> - 이경임, 「달팽이는 시들지 않는다」 중에서

사랑 노래, 애처로운 노래

귀뚜라미의 사랑 노래

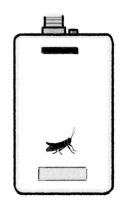

보일러 이름에 왜
귀뚜라미를 사용할까?

• 사랑 노래

귀뚜라미는 몸통을 바이올린 몸통처럼 이용하고 날개를 문질러 소리를 내고 겉날개로 그 소리를 증폭시킨다. 귀뚜라미 우는 가을밤에는 자연의 찬가와 그림같이 아름다운 평화가 있다. 노래하는 귀뚜라미는 모두 수컷이다. 노래의 종류에는 두 가지가 있다. 하나는 다른 수컷이 은신처로 찾아왔을 때 위협하기 위한 것이고 다른 하나는 암컷을 유혹하여 은신처로 불러들이기 위해서이다.

지난 밤 누가
내 가슴에 귀뚜라미를 한 마리 보냈는가
풀잎 위로 스치는 바람인가
한 번 만나도 추억이 되는 달빛의 그림자인가
눈 감아도 유유히 흘러가는 사랑의 노래인가
- 이효녕, 「귀뚜라미」 중에서

• 애처로운 노래

달빛이 쏟아지는 적막한 가을밤에 울리는 귀뚜라미 소리는 좋은 시절 다 보내고 사라져 가는 것들에 대한 슬픔과 그리움을 나타내는 소재로 흔히 사용된다.

귀또리 저 귀또리 어여쁠사 저 귀또리
지는 달 새는 밤에 절절이도 슬피 울어
- 경기 민요

귀뚜라미 소리 가늘어질 때 달님도 추워서 파랗게 된다.
- 방정환, 「귀뚜라미 소리」 중에서

오동잎 떨어지는 달밤 귀뚜라미 소리는 점점 가늘어지고 힘없이 울다가 겨울이 가까워지면 그 소리가 사라진다.
- 황동규, 「귀뚜라미」 중에서

날이 추워져 귀뚜라미가 사라지면 몸을 따뜻하게 데워주는 보일러가 필요하다. 귀뚜라미는 변온동물이어서 기온에 따라 우는 횟수가 달라지는 종류가 있는데 기온이 오르면 더 많이 운다. 보일러 이름에 귀뚜라미를 사용한 것은 다 이유가 있다.

미약한 노래, 미완의 노래

시에서 귀뚜라미 울음은 낡은 고서들을 꺼내 되읽는 소리(박성룡, 「메밀꽃」), 귀뚜르르 뚜르르 하고 누군가에게 보내는 타전 소리(나희덕, 「귀뚜라미」)로 표현되고 있다.

귀뚜라미 소리는 열악한 환경 속에서 아직은 사람들에게 감동과 울림을 주지 못하는 미약한 시인의 목소리이며 이 소리는 높은 가지를 흔드는 큰 매미 울음(사람의 마음을 울리는 대시인의 노래)과 대비되어 아직 소리의 내공이 부족하다고 생각되는 시인의 미완의 노래, 미미한 노래다.

> 지하도 콘크리트 벽 좁은 틈에서
> 숨막힐 듯, 그러나 나 여기 살아있다.
> 뀌뚜르르 뚜르르 보내는 타전소리가
> 누구의 마음 하나 울릴 수 있을까
>
> …
>
> 발길에 눌려 우는 내 울음도
> 누군가의 가슴에 실려 가는 노래일 수 있을까
>
> - 나희덕, 「귀뚜라미」 중에서

시인은 열악한 환경 속에서 자신을 드러내지 않고 실력을 길러 때를 기다리며 언젠가 사람들의 마음을 울리는, 의미 있는 노래를 세상에 남기겠다는 소망을 나타내고 있다.

한편 벽 속에서 떼지어 우는 겨울 귀뚜라미 소리는 고독한 노인의 통곡을 연상케 한다.

> 벽 속에서 겨울 귀뚜라미는 울지요
> 떼를 지어 웁니다. 벽이 무너지라고 웁니다.
>
> - 박용래, 「월훈(달 그림자)」 중에서

교만은 패망의 선봉

교만은 패망의 선봉

수컷 매미는 몸통 안의 얇은 막을 떨어 소리를 낸다. 매미가 우는 이유는 짝을 찾기 위한 것이고 또 천적인 새들에게 울음소리로 충격을 주어 서로 교신을 하지 못하게 하기 위해서라고 한다.

가장 목청이 좋고 울림이 좋은 수컷 매미가 인기가 좋기 때문에 매미는 온 힘을 다해 큰 소리로 울어댄다. 시에서 필사적으로 큰 울음소리를 내는 매미는 벼슬에 나아가거나 출세하여 권세를 누리며 큰 목소리를 내는 사람을 말한다. 성공한 사람들은 매미처럼 큰 목소리를 내고 권세를 누리지만 겸손하지 않고 오만하게 굴거나 이익을 탐하게 되면 유혹의 덫에 걸려 패망에 이르게 된다.

굼벵이 매미 되어 날개 돋쳐 날아올라
높으나 높은 나무에 소리는 좋거니와
그 위에 거미줄 있으니 그를 조심하여라
- 작자 미상

굼벵이는 벼슬하기 전의 하찮은 신분의 선비를 나타낸다. 이 시조는 굼벵이(하찮은 선비)가 매미가 되면(벼슬자리에 올라 권세를 누리게 되면) 권력의 달콤한 유혹에 빠져 자리와 이익을 탐하다가 덫에 걸려 패가망신을 당하게 되니 신분이 높아질수록 항상 처신에 신경 쓰고 조심하라고 한다. 특히 별다른 능력이나 실적 없이 권력자와의 연고 때문에 벼락 출세한 사람들은 충성심으로 능력 부족을 메우려 하다가 권모술수가 판치는 정치판에서 언제 올가미에 걸려 나락으로 떨어질지 모르니 부정한 권력에 아첨하여 만고의 처량한 신세가 되지 않도록 해야 한다.

매미가 여름 한 철 뜨겁게 우는 이유

수컷 매미는 짝을 찾기 위해 목청껏 울어댄다. 암컷은 짝짓기 후 나무 구멍이나 껍질에 알을 낳고 죽는다. 애벌레는 나무에서 기어내려가 변태를 하고 땅속으로 기어들어가 나무뿌리 수액을 먹고 살면서 굼벵이 유충으로 평균 7년을 기다린다. 땅속에서 1, 3, 5, 7, 11, 13년의 소수(素數, prime number)의 기간을 보내는데 그것은 천적과 만날 확률이 적은 시기를 선택하기 때문이라고 한다. 매미는 여름이 되면 땅속에서 기어나와 나무 위로 올라가 우화(羽化)를 한 뒤 길어야 4주 정도 살다가 죽는다. 매미는 뜨겁게 울다가 단 한 번의 사랑을 하고 알을 낳고 죽는다. 짧은 일생 동안 한 것이라고는 열심히 울고 한번 사랑(짝짓기)한 것뿐이다.

늘 난간에 매달려

기도 외엔 속수무책인 삶을

그대에게 갈 수 있는 길이

울음밖에 없다면 믿겠나

…

울고 갔다는 것이 유일한 진실

그 슬픈 유전자를 다시 땅속에 묻어야 하나

- 복효근, 「매미」 중에서

매미는 목숨을 걸고 뜨겁게 운다. 시인은 매미가 우는 것을 책을 읽는다고 표현하기도 한다(책이 나무로 되어 있기 때문이다). 너무나 뜨겁게 책을 읽기 때문에 매미가 울면 나무가 절판된다(박지웅, 「매미가 울면 나무가 절판된다」).

매미는 여름에 한 번 울기 위해 오랫동안 어둠과 고독을 이겨내고 지상에 나와 뜨겁게 울다가 단 한 번의 사랑을 하고 죽는다. 매미는 이열치열의 정신으로 열심히 살다 보면 시원한 바람 부는 계절이 올 것이라고 말한다. 짧은 일생을 살면서 매미가 우리에게 남긴 것은 뜨거운 울음밖에 없다. 시인은 "여름이 뜨거워서 매미가 우는 것이 아니라 매미가 울어서 여름이 뜨거운 것이다(안도현, 「사랑」)"라고 하였다. 사랑이 뜨거워서 사랑이 아니라 뜨겁게 사랑해야 사랑이라는 것이다. 짧은 인생을 살면서 뜨거운 사랑 노래 하나쯤은 남기고 가야 하지 않겠는가.

돌아오지 않는 제비

푸른 바다
건너서
봄이 온다

아리스토텔레스

제비 한 마리가 왔다고
여름이 온 것은 아니다

우리는 봄이 제비와 함께 온다고 믿어 왔다. 제비는 봄바람에 실려 희망을 가지고 온다. 제비는 능수버들이 못물에 긴 머리 헹구며 눈 틔울 무렵 연미복 입고 찾아오는 교양 있고 예의바른 추억의 신사다(정일남, 「오지 않는 제비」).

우리는 과거에 제비가 새끼를 많이 낳으면 풍년이 오고 제비를 다치게 하면 벌을 받고 제비를 도와주면 행운을 가지고 온다고 들어 왔다. 그러나 요즘은 제비를 만나면 반가울 정도로 제비 보기가 힘들어졌다. 제비는 왜 돌아오지 않는가? 논리적 이유로는 처마가 긴 한옥집이 없어지고 아파트와 양옥만 있기 때문이고 공해, 미세먼지, 산성비 등 환경 악화 때문이다. 그러나 시인은 다르게 생각한다. 다리가 부러졌거나 부러지는 것이 두려워서이고 세상에 놀부들만 살고 있기 때문인지도 모른다(윤여설, 「제비에 관한 명상」).

또 이제는 사람들이 제비를 귀찮아한다. 말끔하고 교양 있고 예의바른 신사, 제비는 어디로 갔을까? 무도장에 있을까? 제비가 돌아오지 않는 봄은 허전하고 쓸쓸하다.

제비 한 마리가 왔다고 여름이 온 것은 아니다. 아리스토텔레스의 「니코마코스 윤리학」에 나오는 이 말은 단 하루 따뜻한 것이 전부가 아닌 것처럼 몇 안 되는 쾌락의 순간이 모여서 진정한 행복이 되는 것은 아니라는 뜻이다. 완전한 행복을 얻기 위해서는 순간적 기쁨을 누리기 위해 단기적 쾌락을 추구하기보다 올바른 성품과 미덕을 갖추고 올바른 행동을 하는 사람이 되고, 더 나은 사람이 되고, 장기적으로 성공한 삶을 사는 것이 낫다는 것이다.

제비집

봄이 되면 제비가 돌아와 지붕 위에서 한참 무슨 얘기를 재잘거린다. 전에 여기에 살았다는 얘기인지, 여기에 집을 지으면 좋겠다는 얘기인지, 집 주인이 좋은 사람이라는 얘기인지 알 수가 없다. 그 후 제비는 인가의 지붕 아래 집을 짓는다. 마른 나뭇가지, 마른 풀, 지푸라기 등을 진흙과 섞어 끈끈한 분비물로 접착시켜 만든다. 어미가 날개로 둥지를 따뜻하게 덮어 새끼를 부화시키고 먹이를 입에 넣어주는 모습, 새끼 제비들 쨱쨱거리던 소박한 가정의 평화는 제비보다 나은 집에 살던 가난한 사람들에게 위안을 주었다. 제비는 주인에게 집세 대신 평화를 주었다.

지붕 아래 제비집은 갓 태어난 새끼들로 가득 차 있고 어미는 둥지로 날개를 덮은 채 간신히 잠들어 있다. 제비집 옆에 박혀 있는 못 하나에 몸을 의지하고 꾸벅거리고 있는 제비는 시인으로 하여금 그럴듯한 집 한 채 짓는 대신 비좁은 곳에서 여러 가족을 거느리고 다니며 늘 고단하고 불안하게 살아 온 아버지를 생각하게 한다.

> 못 위에 앉아 밤새 꾸벅거리는 제비를 / 눈이 뜨겁도록 올려다 봅니다
>
> …
>
> 그럴듯한 집 한 채 짓는 대신 / 못 하나 위에서 살아온 아비,
>
> 거리에선 아직도 흙바람이 몰려오나 봐요
>
> - 나희덕, 「못 위의 잠」 중에서

이제는 사람들이 제비를 귀찮아한다. 제비가 새끼를 많이 낳으면 풍년이 들고 제비를 도와주면 박씨를 물어다준다는 얘기 따위는 믿지도 않는다. 사람들은 제비집에 물을 뿌리고 긁어버린다. 생활 앞에서는 사소한 것도 용서할 수 없다. 제비들의 연약한 분노는 허공 속에 힘없이 사라진다. 부서진 둥지와 날아가버린 제비를 보고 시인은 시가 되지 못한 말들, 공허한 언어를 물어나르던 자신을 생각한다.

> 제비들은 가지 않고 머리 위를 날아다니며
>
> 올 여름 장마를 걱정하고 있었다
>
> 달라질게 없으니 닥치고 입 다물어야 한다는 걸
>
> 수없이 떠나보내며 깨달았다
>
> …
>
> 솜털 같은 작은 분노가 부르르 떨며 떨어져 내리고
>
> …
>
> 바람 숭숭 새는 언어를 물어 나르며 / 우리는 잠시 높고 쓸쓸하기로 했다
>
> - 최금진, 「제비와 싸우다」 중에서

애상, 한(恨)

두견이와 소쩍새는
혼동해서 사용 된다

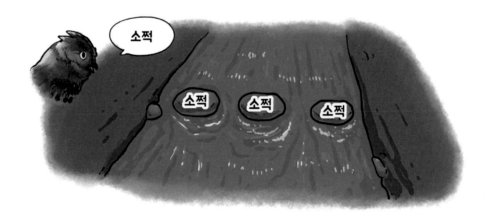

두견이는 뻐꾸기목 두견과에 속하고 접동새, 귀촉도, 자규라고도 한다. 소쩍새는 올빼미목 올빼미과에 속하는 야행성 새로 낮에 활동하는 두견이와 다르다. 그러나 봄에 우는 새라는 점에서 두견이와 소쩍새는 혼동해서 사용되기도 하는데 우리나라 옛 시조의 두견새는 소쩍새를 의미하며 봄날 밤의 애상적 정취를 나타낼 때 자주 인용된다.

공산야월 두견이는 짝을 잃고 밤새운다
- 「군밤타령」 중에서

이화에 월백하고 은한이 삼경인 제
일지춘심을 자규야 알랴마는
다정도 병인 양 하여 잠 못 들어 하노라
- 이조년

소쩍새는 고향으로 돌아갈 수 없는 영혼이 새로 태어났다는 전설이 있는 만큼 울음소리가 구슬퍼 우리 민족의 한 맺힌 정서, 슬픔을 표현하는 소재로 활용된다. 시인은 어미 소쩍새에 감정이입을 하여 소쩍새가 우는 까닭에 대해 "새끼가 길을 잃을까 걱정하여 우는 것"이라 표현하고, 소쩍새의 울음을 시각적으로 바꾸어 "징검돌을 놓는다"라고 표현하고 있다. 감정이입은 공감 능력을 기르는 데 도움이 되고 청각을 시각으로 치환하는 것은 두뇌 계발에 도움이 된다.

밤이 되면 소쩍새는
울음으로 길을 놓는다
어둠 속에서도
지워지지 않는 소리의 길
…
행여 길 끊어질까봐
어미 소쩍새는
쏙독 쏙독 징검돌 놓는다
- 이대흠, 「소쩍새」 중에서

한국의 종달새

한국의 종달새

육체를 벗어나
달리는 즐거움

영국의 종달새

불꽃 튀는 구름

한국문학이나 전통가요에서 종달새는 명랑한 봄의 분위기를 전달하는 새다. 종달새는 흰 구름, 보리밭, 실개천 버드나무와 함께 등장하는 경우가 많다. 종달새는 순식간에 하늘로 솟구치는 습성이 있기 때문에 날아오르는 꿈을 나타낸다.

흰 구름 종달새 그려보던 청운의 꿈을
어이 지녀 가느냐 어이 세워 가느냐
- 고려성(조경환), 「고향에 찾아와도」 중에서

종달새는 따뜻한 봄에 보리밭으로 쏜살같이 내려왔다가 쏜살같이 하늘로 솟구친다. 종달새는 시인이 죽은 뒤 무덤가의 보리밭에서 하늘로 날아오른다.

푸른 보리밭 사이로 하늘을 쏘는 노고지리가 있거든
아직도 날아오르는 나의 꿈이라고 생각하라
- 함형수, 「해바라기의 비명」 중에서

한편 종달새의 이름에서 착안하여 시인은 종달새를 종을 달고 다니는 새, 두부장수, 종을 치며 상두꾼들을 이끄는 인솔자로 표현하기도 한다(서영처, 「말뚝에 묶인 피아노」).

간수 속에 말간 구름두부를 파는
종을 달고 다니는 새여
…
보리밭은 흐느끼듯 일렁인다
겨울의 장례를 치르는 초록 상제들
새는 솟구치고 곤두박질치며 상두꾼들을 이끈다
- 서영처, 「말뚝에 묶인 피아노」 중에서

종달새의 습성과 이름에서 다양한 생각을 해 봄으로써 사고력, 상상력을 확대시킬 수 있다는 점은 인공지능이 줄 수 없는 시의 커다란 장점이자 매력이 아닐 수 없다.

영국의 낭만파 시인 셸리는 종달새를 활기찬 영혼, 육체를 벗어나 막 달리기 시작한 즐거움, 불꽃 튀는 구름, 한낮의 별로 표현하고 있다. 종달새에 관한 동서양의 정서와 차이를 느껴 보는 것은 흥미로운 일이다.

종달새 노래

따뜻한 봄날 실개천 버드나무에서, 흰 구름이 보이는 하늘에서 노래하는 종달새는 봄의 명랑한 분위기를 잘 나타내기 때문에 시인들에게 많은 영감을 주고 있다. 한(恨)의 정서가 많은 우리나라에서 새소리는 주로 울음소리로 표현되고 있지만 종달새 소리만은 대체로 노랫소리로 표현되고 있다.

> 명랑한 봄 하늘 / 가벼운 두 나래를 펴서
> 요염한 봄 노래가 좋더라
> - 윤동주, 「종달새」 중에서

비비 배배, 지리 지리 지지리 노래하는 종달새는 듣는 이의 기분에 따라 놀려대는 소리로 들리기도 한다.

> 삼동내 얼었다 나온 나를…
> 왜 저리 놀려대누
> 어머니 없이 자란 나를…
> 왜 저리 놀려대누
> - 정지용, 「종달새」 중에서

영국의 종달새 노래는 천국의 문 앞에서 부르는 노래(셰익스피어, 「소네트29」)이며, 활기찬 영혼의 풍요로운 가락, 무지개 구름에서 쏟아내는 찬란한 빗방울, 선율의 빗줄기, 꽃 위에 쏟아지는 봄 소나기 소리, 사상의 광채 속에 숨어 있는 시인의 찬가, 호화 궁궐 탑 속 고귀한 처녀가 은밀한 틈을 타서 사랑에 불타는 넋을 달래며 부르는 달콤한 가락, 신성하고도 황홀한 향수를 쏟아내는 찬미의 노래다(셸리, 「종달새에게」).

> 혼인 축가의 합창도
> 승자의 찬가도
> 그대에게 견주면 모두
> 공허한 자랑에 지나지 않는 것
> …
> 기쁨에 넘치는 온 가락의 소리보다도
> 책에서 찾아지는 모든 보배보다도
> 그대의 재주는 시인보다 더 뛰어나도다
> - 셸리, 「종달새에게」 중에서

낙타의 삶

인간 정신의 발달단계

낙타는 모래바람을 맞으며 무거운 짐을 지고 사막을 걸어간다. 낙타에게 보이는 것은 모래와 해와 달, 별뿐이다. 낙타는 외로움에 익숙하다. 가다가 오아시스를 만나 잠시 등짐을 내려놓고 목을 축이고 쉬기도 하지만 다시 가야 한다. 낙타는 항의나 분쟁, 저항도 하지 못한다. 많은 사람들은 낙타처럼 세상 사는 재미를 모르고 무거운 짐을 지고 살아간다. 가족을 부양하기 위해 충실히 맡은 임무를 수행해야 하고 고통을 참고 인내하며 희생을 감수하고 살아야 한다. 생업에 종사하는 사람들 대다수는 "수고하고 짐 진 자"들이다.

나는 사막을 건너는 어머니의 등에 붙은 혹
어머니는 나를 매달고 모래 바람을 맞으며
사막을 건너가요…
아직도 어머니는 침침한 눈으로 부라더 미싱을 돌리고 계시는지
별빛이 한 움큼씩 쏟아져 내리네요
- 양현근, 「사막에 뜨는 별」 중에서

어머니는 자식의 미래를 위해 밤늦게까지 미싱을 돌리며 일하고 있다. 어머니는 자식의 꿈을 위해 별빛을 켜들고 앞서 걷는다. 세상 사는 재미를 모르고 오로지 자식을 위해 살아가는 어머니는 무거운 짐을 지고 사막을 건너는 낙타와도 같다.

낙타는 무릎을 꿇고 짐을 싣는다. 낙타는 굴종과 노예의 삶을 살고 자유를 찾거나 주인이 되려는 의지가 없다. 니체는 인간 정신이 낙타(의무와 책임의식, 복종, 인내) → 사자(강한 힘으로 자유의지에 따라 행동, 욕망에 충실하나 항상 긴장 상태를 유지해야 함) → 어린아이(어디에도 얽매이지 않는 진정 자유로운 인간, 창조적 인간)의 단계로 발전되어야 한다고 하였다. 사람이 자기계발에 소홀하면 낙타와 같은 약자의 삶을 살게 된다. 사람은 끊임없는 자기계발을 통해 자유를 찾고 자기 삶의 주인으로 당당하게 살아가야 한다.

낙타로부터 배우는 인생

낙타는 인내심이 강하고 지구력이 있다. 낙타는 뜨거운 모래 위에 두껍게 굳은살이 있는 무릎을 꿇고 짐을 실은 후 사막을 건너간다. 낙타처럼 상처로 단련된 사람들은 상처의 굳은살로 두 발을 딛고 사막 같은 인생길을 잘 건너간다. 또 어떤 사람들은 수고와 눈물에도 응답하지 않는 신에게 무릎 꿇고 감사의 기도를 올린다.

닳고 닳아 낙타 무릎이 되었다

…

닳고 닳은 무릎은 힘이 세다
우주의 모든 경계가 허물어지고 마루장이 움푹 패었다
기도는 힘이 세다
- 고진하, 「낙타무릎의 사랑2 - 피정일기」 중에서

낙타는 혹을 달고 그 위에 짐을 싣고 길을 떠난다. 사막을 건너는 낙타는 인간에게 어떻게 살아야 하는지를 알려준다.

낙타는 사막을 떠나지 않는다네 / 사막이 푸른 벌판으로 바뀔 때까지는
거대한 육봉 안에 푸른 벌판을 감추고 / 건조한 표정으로 사막을 걷는다네

…

이제 자네 속의 사막을 거두어 내고 / 거대한 육봉을 만들어 일어서게나
- 김진경, 「낙타」 중에서

낙타는 뜨거운 사막에서 절망하지 않고 거대한 육봉을 만들어 일어서서 걷는다. 낙타는 갈증, 더위, 외로움을 잘 견딘다(인내). 낙타는 무릎을 꿇고 짐을 싣고 고개를 숙이고 걷는다(겸손). 낙타는 사막 건너의 푸른 들판을 찾지 않고 사막이 푸른 벌판으로 바뀔 때까지 사막을 떠나지 않는다(꿈을 포기하지 않음). 낙타는 짐을 가볍게 하려고 하지 않고 육봉을 키워 짐을 감당할 수 있는 능력을 갖춘다.

다음은 낙타의 말이다.
"겸손하라! 기도하라! 인내하라! 짐을 줄이기보다 짐을 질 수 있는 힘을 길러라! 짐을 안 지려고 하지 말고 유용한 짐, 가치 있는 짐을 져라!(기독교에서는 '주의 멍에, 십자가는 가볍다', '하나님은 짐을 벗겨주는 것이 아니라 능히 질 수 있도록 인도하신다', '주님의 삶을 따르면 삶이 가벼워진다'고 가르친다) 절망하지 마라! 마음속의 사막을 걷어내고 낙타처럼 거대한 육봉을 만들어 일어서라! 마실 물과 먹을 것 이외에는 무거운 짐이 되는 사막의 단순한 생존법을 배워라!"

제2장

식물
plants

동백꽃은 사랑의 불꽃

동백꽃의 꽃말은 진실한 사랑, 열정이다. 동백꽃은 엄동설한 추위에 피기 때문에 절개, 청렴을 상징하기도 한다. 충절을 중시하는 선비들은 홀로 눈 속에 핀 동백꽃을 좋아했다. 시인에게 동백은 가슴속 사랑의 심지에 불을 붙이고 그리움으로 피워올린 사랑의 불꽃, 정열의 꽃이다.

백설이 눈부신

하늘 한 모서리

다홍으로 불이 붙는다

차가울사록

사모치는 정화(情火)

그 뉘를 사모하기에

이 깊은 겨울에 애태워 피는가

- 정훈, 「동백」 중에서

전북 고창 도솔산에 있는 선운사 동백나무숲은 많은 시인들에게 영감의 소재가 되고 있다. 선운사 고봉으로 해가 넘어가도 삼천 그루 붉은 동백꽃 등불에 길이 밝고(김윤자, 「선운사 동백꽃」), 정념으로 들끓는 선운사 뒤뜰에 가면 꽃멀미로 몸이 휘청인다(반기룡, 「동백꽃」). 다시는 울지 말자 눈물을 감추다가도 동백꽃 붉게 터지는 선운사 뒤안에 가서는(그리움으로) 엉엉 운다(김용택, 「선운사 동백꽃」).

가슴 저린 한

피를 머금은 듯

피를 토한 듯이

검붉게 피어나고 있는가

- 용혜원, 「선운사 동백꽃」 중에서

동백꽃 질 무렵

동백꽃, 불타던 가슴아

봄 한철이 어인 덧없음이냐

- 양광모, 「동백에게 죄를 묻다」 중에서

동백꽃은 한 송이, 한 송이가 따로따로 통째로 툭 떨어진다. 갑자기 떨어지는 눈물처럼 후두둑 떨어진다. 동백꽃 지는 날은 슬픔을 꺼내 놓기 좋은 날이다(강정숙, 「애련동백」). 동백꽃은 동박새에게 마지막 씨를 남기고 눈 위에 혹 떨어진다(이산하, 「선운사 동백꽃」). 백설이 맨살로 유혹해도 넘어가지 않고 동박새와의 사랑을 순결로 지켜낸 후 하늘 뒤집어쓰고 몸 던지는 동백꽃은 '심청이 자살꽃', '봄봄 순애꽃'이다(김병종, 「선운사 동백꽃」).

시인은 동백꽃이 질 때 떠나간 옛사랑 생각에 가슴이 덜컥 내려앉는다. 마음이 무거워진다.

동백꽃이 진다

명치 끝에 처억 내려 앉는다

무쇠 칼날처럼 시퍼렇게 아리다

그녀가 떠나가던 날도 이랬다

무쇠 칼등처럼 무거웠다

- 김선주, 「선운사 동백꽃」 중에서

동백꽃을 보면 꽃이 피는 건 힘들어도 지는 건 잠깐이라는 것을 알 수 있다. 사랑도 마찬가지다. 그러나 잊는 것은 그렇게 쉽지 않다.

꽃이 피는 건 힘들어도

지는 건 잠깐이더군

…

그대가 처음

내 속에 피어날 때처럼

잊는 것 또한 그렇게 순간이면 좋겠네

- 최영미, 「선운사에서」 중에서

매화의 운치

매화는 모든 풀과 나무가 떨고 있을 때 추위를 타지 않고 핀다. 낮에는 구름같이 활짝 피어 있어 운치가 있고 소복 입은 조신한 여인처럼 고요하게 피어 있는 모습은 기품이 있다. 특히 눈 속의 매화, 추운 밤 차가운 달을 배경으로 피어 있는 매화는 숭고함을 느끼게 한다.

매화나무 끝에 달이 차온다 이제 막 둥글어지네

…

매화 곁을 거닐며 돈 것이 몇 번이던가

- 이황

선비들은 매화의 그윽하고 은은한 향기(암향 暗香)를 좋아한다.

미풍이 불어오지 않아도

맑은 향기 뜰에 가득하다

…

밤 깊도록 앉아 있어

돌아갈 길 잊고 있는데

향기는 옷에 가득, 그림자는 못에 가득

- 이황

매화는 피어 있을 때 운치가 있고 적막한 아름다움이 있지만 그 아름다움의 절정은 질 때이다. 매화는 꽃잎이 하나하나 바람에 날려 꽃비가 내리고 꽃보라가 되어 흩어진다. 매화의 죽음은 풍장(風葬)이다(김훈, 「자전거 여행」). 그것은 아름다운 이별이고 결별이 이룩하는 축복(이형기, 「낙화」)이다.

---

* 이황 매화시와 관련된 이야기

단양 8경 중 하나인 구담봉이 바라보이는 장화나루는 퇴계 이황과 기생 두향의 신분을 뛰어넘는 러브스토리가 담긴 곳이다. 퇴계 이황(1501~1570)은 첫째 부인과 둘째 부인을 사별하고 48세에 단양 군수로 부임하게 되었고, 그때 시화에 능하고 거문고를 잘 연주하는 18세의 아름다운 관기(官妓) 두향을 만나게 된다.

두향은 특히 매화를 좋아했고 두 사람은 뜻이 잘 통하여 서로 사랑하게 되었다. 그런데 만난 지 9개월 만에 이황이 풍기 군수로 가게 되면서 두 사람은 이별을 하게 되었다. 이황은 임지에서 두향이 보낸 매화를 보며 그리워했고 죽을 때도 "매화분에 물을 주어라"라는 말을 남겼다고 한다.

두향은 이황 선생을 그리며 평생 수절하며 살다가 그가 세상을 떠났다는 소식을 듣고 자신도 식음을 전폐하고 두 사람이 즐겨 찾으며 시를 읊던 강선대에 묻어달라는 유언을 남기고 세상을 떠났다고 한다. 지금도 이황의 자손들이 벌초를 하며 강선대 바위 근처 두향의 무덤을 돌보고 있다고 한다. 단양에서는 매년 5월이 되면 두 사람의 애잔한 사랑을 기리는 두향제가 열린다.

매화는 고결한 선비, 선구자

매화의 꽃말은 고결, 맑은 마음, 충실, 기개, 인내다. 매화는 겨울의 끝자락과 이른 봄의 찬바람을 맞으며 얼음과 눈 속에서도 피어나고 먼 곳까지 맑고 은은한 향기를 풍긴다. 매화는 한평생 추워도 향기를 팔지 않는다고 하여 고결함을 상징하는 사군자(매화, 난초, 국화, 대나무) 중 으뜸으로 선비들이 가장 좋아하는 꽃 중의 하나이다. 시에서 매화는 지조와 기개 있는 충신을 나타낸다.

백설이 잦아진 골에 구름이 머흘레라(험하구나)
반가운 매화는 어느 곳에 피었는고
석양에 홀로 서 있어 갈 곳 몰라 하노라

- 이색

이 시조는 고려왕조를 지켜 나갈 지조 있고 기개 있는 충신을 고대하며 기울어 가는 고려에 대한 안타까운 심정을 노래하고 있다.

매화는 봄이 미처 오기도 전에 적설(積雪)과 한풍(寒風)의 고통 속에서도 일찍 피고 맑은 향기를 보낸다는 점에서 높은 지조, 고결한 정신, 강인함, 인내심, 기개를 가진 선구자적 성격을 가지고 있다.

지금 눈 내리고
매화 향기 홀로 아득하니
내 여기 가난한 노래의 씨를 뿌려라

- 이육사, 「광야」 중에서

매화는 일찍 피고 일찍 진다

매화는 눈 내리고 나뭇가지에 찬바람이 부는 늦은 겨울 또는 이른 봄에 핀다. 매화가 일찍 피는 까닭은 그리움을 덮어버릴 수 없기 때문이고 첫사랑의 애틋함 때문이다(이해인, 「매화 앞에서」). 시인에게 매화는 그리움이 피어난 것이다.

그대 만날 수 있는 날 아득히 멀고
폭설은 퍼붓는데
숨길 수 없는 숨길 수 없는
가슴 속 매화 한 송이
- 도종환, 「홍매화」 중에서

봄이 완전히 오기도 전에 피었다가 지는 매화는 시인에게 "살아갈수록 겨울이 길고 봄이 짧더라도 열심히 살아라"라고 하고, 짧은 일생 동안 "향기가 나는 편지를 써라"라고 말한다(이해인, 「매화 앞에서」).

지는 매화 이파리는 눈물처럼 떨어진다. 매화가 지는 모습은 이별의 서러움을 생각나게 한다.

강물에 져서 강물이 서럽다
사랑도 그렇게 와서 그렇게 진다
흐르는 섬진강 물에 서럽게 울어보았는지요
- 김용택, 「섬진강 매화꽃을 보셨는지요」 중에서

진달래꽃은 불타는 사랑이다

시에서 진달래꽃은 불타는 사랑, 짓붉은 사랑이다. 춘삼월 진달래꽃은 붉은 꽃 가슴에서 사랑의 진한 빛깔 내뿜어 대지를 회춘시키고 우리에게 기쁨을 준다. 능선에 빨갛게 피어 있는 진달래는 꽃 같은 가슴을 활짝 열고 꽃으로 서 계시는 부모님이다(이계율, 「진달래 능선에서」). 제 몸 살라 불꽃, 산불까지 내며 타고 또 타는 진달래꽃(목필균, 「4월의 진달래」)은 세상을 환하게 비춰준다.

누구를 위해 천리 밖까지 꽃등을 걸어 두었나

…

아직도 능선에 불타오르는 홍등이여 내 사랑이여

- 이종록, 「진달래 능선에서」 중에서

아무리 감추려 해도

감출 수 없네

마음속에 자꾸 커가는

이 짓붉은 사랑

- 홍수희, 「아! 진달래」 중에서

해마다 부활하는

사랑의 진한 빛깔

봄마저 앓아눕는

우리들의 지병은 사랑

- 이해인, 「진달래」 중에서

가슴 타는 눈물, 가난의 눈물

• 가슴 타는 눈물

진달래꽃은 긴 세월 앓고 있던 가슴 타는 눈물이다. 진달래 붉은 색은 눈물의 진한 빛깔, 진달래는 그리움에 목이 타다가 몸에 문신을 새기듯 산자락을 무더기로 붉게 물들인다. 이 눈물로 대지는 부활하고 봄은 회춘하는 사랑처럼 환희로 다가온다(박송죽, 「진달래꽃」).

산자락 휘어잡고 문신을 새기듯
무더기 무더기 붉은 가슴
털어 놓고 있는 진달래꽃
긴 세월 앓고 있던
뉘의 가슴 타는 눈물인가
- 박송죽, 「진달래꽃」 중에서

• 가난의 눈물

춘궁기 보릿고개 배고픈 시절 우리는 진달래꽃을 먹었다. 진달래꽃은 힘이 없고 가엾은 여인의 눈물이다. 배고픈 며느리는 두견화 꽃잎을 따서 주린 배 채우는데 개가 먹은 풀을 며느리가 먹었다고 시어머니가 구박하여 며느리는 죽어서 두견새가 되었고 두견새가 뿌린 눈물은 꽃이 되어 꽃잎마다 피멍으로 물들어 봄밤이 붉게 타고 두견새는 구슬피 운다. 풀죽 한 번 얻어먹지 못한 며느리는 푸울죽 푸울죽 하며 애절하게 운다. 가난은 사람으로 하여금 많은 것을 체념하게 한다. 사랑도 마찬가지다. 가난뱅이 시인은 떠나는 님을 잡지 못하고 진달래꽃을 뿌려 가는 길을 축복하겠다고 한다.

나 보기가 역겨워 가실 때에는
말없이 고이 보내 드리오리다
영변에 약산 진달래꽃
아름 따다 가실 길에 뿌리오리다
- 김소월, 「진달래꽃」 중에서

벚꽃이 피어 있는 풍경

벚꽃은 화사하다. 그래서 시에서 벚꽃은 활짝 웃는 얼굴, 흠도 티도 없는 꽃의 원조, 꽃다움의 극치(박인걸, 「벚꽃」), 백설기 떡잎 같은 눈, 백옥같이 밝은 선녀 날개 옷(이재기, 「벚꽃」), 하얀 눈꽃 같은 순결한 평화(박상희, 「벚꽃」), 찬연한 영혼을 가진 사람, 환한 빛의 잔상을 남기는 사람(조신호, 「산벚꽃」), 팝콘(전숙영, 「벚꽃」, 도혜숙, 「밤 벚꽃」), 뜨거운 사랑의 불꽃(안재동, 「벚꽃」) 등으로 표현되고 있다.

> 향기가 없는
>
> 서러움을 아는 까닭일까
>
> 지천에 핀 그 어떤 꽃보다
>
> 더 화사함을 자아낸다
>
> **- 정해철, 「벚꽃」 중에서**

한편 벚꽃은 화사하게 피었다가 빨리 가버리기 때문에 날개를 파닥이는 흰 나비, 어젯밤 놀러 나왔다가 돌아가지 않은 하얀 별(선용, 「벚꽃」), 야멸찬 사랑, 앙큼한 사랑(최원정, 「벚꽃, 이 앙큼한 사랑아」), 황홀하게 짧게 살다간 시인(김영월, 「벚꽃」), 누군가에게 단 며칠이라도 얼굴 보여주려고 이 세상에 태어난 그녀(김종제, 「벚꽃 그녀에게」) 등으로 표현되고 있다. 벚꽃은 봄을 환하게 밝혀주고 사람들로 하여금 꽃 멀미를 일으키고 취하게 한다. 화사한 벚꽃은 벚꽃 뭉게구름 아래로, 신기루 꽃길로 차양이 내려진 벚꽃 잔치에 오라고 손짓한다. 시인은 독자들을 벚꽃 그늘로 초대한다.

> 벚꽃 그늘 아래 잠시 생애를 벗어 놓아 보렴
>
> 직업도 이름도… / 그리움도 서러움도…
>
> 사랑도 미움도 벗어놓고
>
> 바람처럼 잘 씻긴 알몸으로 앉아 보렴
>
> **- 이기철, 「벚꽃 그늘에 앉아 보렴」 중에서**

시인은 며칠 동안이라도 인생의 모든 짐을 벗어 놓고 청정한 벚꽃 그늘에 앉으면 용서할 것도 용서받을 것도 없이 우리의 삶이 가벼워지고 벚꽃처럼 넉넉해지고 싱싱해지고 노래처럼 즐거워질 것이라고 한다.

벚꽃의 사랑 표현

봄날 눈부시게 피어 있는 벚꽃은 시인에게 곱게 웃으며 사랑을 표현하는 여인의 모습으로 보인다. 벚꽃은 봄의 미명(未明)을 열고 웨딩마치를 올린다. 벚꽃은 소복의 예쁜 미소로 화르르 피어나(고은영, 「벚꽃연가」) 어여쁘고 아름다운 신부의 모습으로 반기고 유혹이 가득한 눈빛으로 끌어당기고 가슴을 불타게 한다(용혜원, 「벚꽃 활짝 피던 날」).

<blockquote>
그대처럼

어여쁘고 아름다운

신부의 모습으로

누가 나를 반기겠습니까

- 용혜원, 「벚꽃 활짝 피던 날」
</blockquote>

벚꽃은 시인에게 말없이 사랑을 고백하는 모습으로 보인다.

<blockquote>
신바람 나게 피어나는

벚꽃들 속에

스며나오는 사랑의 고백

- 용혜원, 「벚꽃이 필 때」 중에서
</blockquote>

벚꽃이 지는 모습은 시인에게는 사랑의 춤을 추는 것(엄원영, 「벚꽃 휘날리던 날」), 누군가를 못 잊어 그리워하다가 몸을 던지는 것, 누군가에게 목숨을 바치는 것, 누군가에게 전율이 감도는 노래와 춤이 되어 몸을 던지는 것(김종제, 「벚꽃, 그녀에게」) 등으로 표현되고 있다.

<blockquote>
나는 봄마다 / 사랑을 표현할 수 없거늘

너는 어찌 / 봄마다

더욱 더 화려하게

사랑에 몸을 던져

빠져버릴 수가 있는가

- 용혜원, 「벚꽃이 필 때」 중에서
</blockquote>

벚꽃의 낙화

情死

벚꽃이나 매화같이 바람에 날리는 꽃은 꽃이 질 때가 아름다움의 절정이다. 벚꽃이 지는 풍경은 눈부시게 아름답다. 벚꽃이 지는 모습은 시에서 면사포를 벗고 수줍은 몸을 보이는 것(신정우, 「벚꽃」), 옷고름 풀어헤치고 백옥 같은 흰 살결 드러내며 하늘에 안기는 것(안재동, 「벚꽃」), 사랑하는 이 앞에서 몸을 던져 안녕을 고하는 것(곽진구, 「벚꽃아래를 걸으며」), 독배를 드는 연인들의 마지막 입맞춤, 종말을 거부하고 함께 다시 죽을 수 없는 죽음(영원)을 선택하는 정사(情死)의 미학(오세영, 「벚꽃」), 살짝 찍는 하얀 마침표(유봉희, 「벚꽃 속으로」), 화사한 슬픔(송연우), 향기로운 붕괴, 비운 절정, 내 님의 한숨이 눈물 되어 떨어지는 것(정아지, 「벚꽃이 흩날릴 때」), 떨어지는 사월 함박눈(김희철, 「벚꽃」), 첫사랑 같은 마음 눈꽃 같은 슬픈 미소를 뿌리는 것(정연복, 「지는 벚꽃의 노래」), 보름도 견디지 못하고 산화되는 야속한 생이 풍장(風葬)으로 길 위에 스러지는 것(최원정, 「벚꽃 유감」) 등으로 표현되고 있다. 벚꽃은 화사하게 피어 세상을 환히 밝혀주었다가 후회나 아쉬움 없이 봄볕 속에 꿈을 남기고 바람 따라 미련 없이 떠난다. 벚꽃의 이 같은 화끈한 생애는 시인이 본받고 싶은 삶이다.

일시에 큰 소리로 환하게 웃고 / 두 손 털고 일어나는 삶이 좋아라

…

하늘 아래 봄볕 속에 꿈을 남기고 / 바람 따라 떠나가는 삶이 좋아라

- 유응교, 「벚꽃의 꿈」 중에서

밋밋한 생은 싫다. 며칠 동안의 짧은 생일지라도 온몸으로 뜨겁게
온 가슴으로 열렬하게 화끈하게 살다가 미련없이 죽고싶다
있음과 없음이 하나도 초라하지 않은 벚꽃같이

- 정연복, 「벚꽃의 생」 중에서

벚꽃은 짧은 시간일지라도 우리를 황홀하고 행복하게 해주었으니 기쁜 마음으로 보낼 수 있다. 벚꽃이 시들면 연산홍이 피고 그 다음에는 백일홍, 나팔꽃, 해바라기, 메밀꽃, 코스모스, 국화, 매화가 핀다. 계절에 따라 다른 꽃을 피우는 것은 신의 선택이니 우리는 날리는 벚꽃 이파리를 잡념을 털어내듯 손톱 잘려나가는 것처럼 볼 수 있어야 한다(천향미, 「벚꽃 진다」). 벚꽃의 낙화는 눈물이 아니라 앞날을 기약하는 축복이다.

벚꽃이 흩날린다. 서러워 마라
꽃의 시대를 땅에 묻고 / 흐드러진 열매 맺는 시대 키워
모두가 함께 따는 날을 꿈꾸자

- 최범영, 「벚꽃이 흩날린다. 서러워 마라」 중에서

하얀 목련, 고귀한 존재

목련의 꽃말은 고귀함이다. 시에서 목련은 순백의 웨딩드레스 곱게 차려입은 봄의 신부(양광모, 「목련꽃 피거든」), 방금 기도를 끝낸 하얀 성의의 천사들이 꽃등을 밝히고 봄을 찬양하는 합창을 하는 모습(김옥남, 「하얀 목련」)으로 표현되고 있다. 하얀 목련은 새알과 새를 연상케 한다. 이 때문에 시에서는 "목련나무 가지마다 뽀얗게 새들이 재잘대고 바람의 방향을 알고 날갯짓을 한다(심언주, 「목련」)", "마른 나뭇가지에 물새알 같은 꽃봉오리가 피어나고 껍질을 깨고 흰 부리를 내놓고 하늘을 두드리다가 가지마다 하얗게 날아오른다. 목련 아래를 지날 때는(새가 날아갈까 봐) 가만 가만 발소리를 줄인다(조정인, 「목련 그늘 아래서는」)"라고 표현되고 있다. 이 밖에도 목련은 하늘 궁전(문태준, 「하늘 궁전」), 초상집 곡소리 나는 빈 방(이정록, 「목련나무엔 빈 방이 많다」), 내 첫사랑의 희고 봉긋한 가슴(양광모, 「목련」), 흰 돌멩이(문인숙, 「빗소리 모아든다」), 흰 탑들(조정인, 「목련 사원1」), 하늘로 내민 뽀얀 주먹(이해리, 「목련 이력서」) 등으로 표현되고 있다. 목련꽃 피는 봄은 빛나는 꿈의 계절이자 눈물의 계절이며 아름다운 것이 한편으로는 서러운 것이라는 것을 알게 되는 때이다.

너 내게서 떠나는 날
꽃이 피는 날이었으면 좋겠네
꽃 가운데서도 목련꽃
하늘과 땅 위에 새하얀 꽃등
밝히듯 피어오른 그런
봄날이었으면 좋겠네
- 나태주, 「목련꽃 낙화」 중에서

시인은 연인이 떠나는 날 우는 대신 꽃등을 밝혀 축복해주고 싶다. 그러나 마음속에서는 울음 삼키듯 목련이 진다. 허전한 가슴 빈자리에 하얀 목련이 진다.

목련꽃 피고 지는 사월, 꿈과 눈물의 계절

목련꽃 피는 사월은 꽃으로 생명의 등불을 밝혀 빛나는 세절이며 사랑이 이루어지는 계절이다.

순백의 웨딩드레스
곱게 차려입은 봄의 신부
한 잎 한 잎 옷을 벗어
백의의 침대 만드네
뉘라서 저 장미꽃보다 붉은
사랑 뿌리칠 수 있는가
- 양광모, 「목련꽃 피거든」 중에서

한편 목련꽃 지는 사월은 이별의 계절, 그리움의 계절이기도 하다. 4월에는 떨어지는 꽃잎을 보고 아쉬워하고 슬퍼하며 떠나간 옛 사랑을 그리워한다.

목련꽃 환한 사월
낮은 휘파람으로 창을 두드리던 사람
…
사월은
밤하늘 별빛 그대로인데
환장할 목련 그대로인데…
- 전길자, 「목련꽃 지다」 중에서

사월은 빛나는 아름다움을 찬양하고 그 아름다움이 짧은 것을 슬퍼하고 그리워하는 계절이다. 따라서 목련꽃 피고 지는 사월은 "빛나는 꿈의 계절이며 눈물어린 무지개 계절(박목월, 「사월의 노래」)"이다.

목련꽃 낙화

목련이 지는 모습은 특이하다. 꽃잎이 말라 비틀어져서 누더기처럼 너덜거리다가 바람이 불면 툭 떨어진다. 떨어지기 직전의 목련 꽃잎은 욕창(褥瘡)든 꽃잎, 병든 소녀, 낙화암의 삼 천궁녀들(김성수, 「지는 백목련에 대한 단상」), 말기암 환자(김훈, 「자전거 여행」) 등으로 표현되고 있다. 목련은 동백꽃처럼 절정기에 투사나 순교자처럼 선혈이 낭자하게 뚝 떨어지는 것이 아니라 미련하게도 일생의 모든 고통을 겪은 뒤 누추하게 떨어진다. 사람들은 목련꽃은 질 때 지저분하다고 말한다. 목련꽃 지는 모습이 매화, 벚꽃, 복사꽃, 배꽃처럼 아름답지 않은 것은 사실이다.

그러나 목련꽃은 자신의 모든 것을 아낌없이 보여주고 자신의 소명을 다한 후에야 가지를 떠난다.

목련꽃 지는 모습 지저분하다고 말하지 말라

순백의 눈도 녹으면 질척거리는 것을

지는 모습까지 아름답기를 바라는가

…

지는 동백처럼

일순간에 져버리는 순교를 바라는가

- 복효근, 「목련후기」 중에서

목련 꽃잎은 떨어질 때 "다 이루었다" 하고 고개를 떨구고 숨을 거둔다(조정인, 「목련 사원」). 잎새들도 곧 뒤따르겠노라 하염없이 손 흔든다(김성수, 「지는 목련에 대한 단상」).

찔레꽃은 눈물, 소박한 사랑, 순정, 그리움이다

시에서 찔레꽃 하얀 꽃송이는 남몰래 흘린 여인의 눈물, 가난의 눈물, 슬픔이다. 또 하얀 설레임, 활짝 핀 그리움, 현기증 같은 그리움이다. 찔레꽃은 어릴 적 연한 새순을 따먹으며 혼자 동산에서 보내던 서러운 옛 시절을 생각나게 한다. 연한 찔레순에는 비타민이나 각종 미량 원소가 함유되어 있어 아이들 성장에 도움이 된다. 이것은 보릿고개 시절 아이들의 중요한 간식거리였다.

엄마 일 가는 길에 하얀 찔레꽃

찔레꽃 하얀 잎은 맛도 좋지

배고픈 날 가만히 따 먹었다오

엄마 엄마 부르며 따 먹었다오

- 이연실, 「찔레꽃」 중에서

시에서 하얀 찔레꽃은 꾸밈없는 사랑, 소박한 사랑, 그리움, 정든 임 기다리는 순정을 나타낸다.

꿈결처럼 초록이 흐르는 이 계절에

그리운 가슴 가만히 엮어

한 그루 찔레로 서 있고 싶다

- 문정희, 「찔레꽃」 중에서

가시덤불 속 수줍게 핀 그녀 미소

한줄기 바람에 하이얀 설레임 전하면

만나고 싶은 마음에 억겁의 세월 돌아온

그리도 꿈꾸던 내 사랑 아니더냐

- 안국훈, 「찔레꽃 미소」 중에서

찔레꽃 전설

몽고로 끌려간 고려 소녀는 고국으로 돌아와 가족을 찾아다니다가 동생의 이름을 부르며 죽었다. 가족을 찾아 헤매던 소녀의 마음은 순박한 흰 꽃, 소녀의 피눈물은 빨간 열매, 그리움은 가시, 애타게 동생을 부르던 목소리는 은은한 향기가 되어 온 산천에 피어 있다는 것이 찔레꽃에 관한 슬픈 전설이다.

지금도 봄이면

가시덤불 속

우리의 언니 같은 찔레의 넋은

꽃으로 피네

- 최영희, 「찔레꽃의 전설」 중에서

찔레꽃은 은은한 향기를 풍기는 소박함, 흰색을 좋아하고 그리움과 한이 많은 우리 민족의 정서와 잘 맞기 때문에 노래의 소재로 많이 활용되고 있다.

하얀 꽃 찔레꽃

순박한 꽃 찔레꽃

별처럼 슬픈 찔레꽃

달처럼 서러운 찔레꽃

찔레꽃 향기는

너무 슬퍼요

그래서 울었지

목놓아 울었지

밤새워 울었지

- 장사익, 「찔레꽃」 중에서

찔레꽃 향기

시에서 찔레꽃 향기는 그리움의 향기다. 남몰래 흘린 눈물은 하얀 꽃이 되었고 그리움 가득한 여인의 순애보 사랑은 꽃향기를 풀어 정든 임에게 보낸다.

동산에 오르면 찔레꽃 향기

…

어느 세상 아득한 동리

그대 사는가

- 차성우, 「찔레꽃」 중에서

바쁜 일상에 찌든 삶이 힘들어 찔레꽃이 어떻게 생겼는지 모르는 사람들도 5월 멀리서 은은히 풍겨 오는 찔레꽃 향기는 안다.

찔레꽃은 몰라도

찔레꽃 냄새는 알지요

시집간 아낙네들의

얼굴은 잊었지만

그들이 풍겨주던 찔레꽃 냄새

살 냄새는 알지요

- 박이도, 「찔레꽃 이야기」 중에서

찔레꽃 가시

시에서 찔레꽃 가시는 "님 그려 지키는 정절", "사랑의 아픔이 돋아나 몸에 박혀 있는 것"으로 표현되고 있다. 가시가 있는 찔레꽃은 "조금 더 다가서지 못해 한쪽은 꽃이 되고 한쪽은 가시가 된 가시 돋힌 사랑"이다(문정희, 「찔레꽃」).

저 하늬 길목 갯도랑 찔레꽃

...

온몸 가시에 뚫리는 고통 견디며
누굴 저리 활활 사랑했을까

- 양전형, 「찔레꽃 사랑」 중에서

찔레꽃 가시는 사랑에 속은 여인의 앙칼진 마음으로도 표현된다.

호미자루 무겁다고 서울로 시집가서
몸도 마음도 다 뺏기고 앙칼지게 가시만 달고 와서
봄날 논두렁에 퍼질고 앉아 우는 단발머리 가시내

...

오월 한 달을 하얗게 운다

- 변형규, 「찔레꽃」 중에서

찔레꽃은 가시(아픔과 고뇌)를 안고 있다. 겨울을 지내고 봄에 피어난 찔레꽃은 오랜 시련을 견뎌내고 인고의 세월 동안 조국을 지켜온 우리 민족을 나타내기도 한다.

겨울 강을 건너온 어머니
파르르 시린 입술로
고뇌의 가시덤불 보듬어 안고

...

하얀 꽃 그 빛으로 강산은 밝아오고
조국은 여물어 간다

- 김윤자, 「찔레꽃」 중에서

아카시아는 수줍은 여인

아카시아의 꽃말은 숨겨진 사랑, 깨끗한 마음이다. 시에서 아카시아는 그리움과 눈물을 감추고 있는 여인이다. 먼저 고백할 수 없는 여자이기에 그녀는 꽃이 되어 좋아하는 사람에게 그리움의 향기를 날려보낸다.

나 먼저 말할 수 없는 여자이기에
그대 부를 꽃이 되었죠
…
아카시아 향기에 취해 보세요
아카시아 사랑에 빠져 보세요
꿈이라 생각도 하지 마세요
사랑의 눈빛으로 내게 오세요
- 서비, 「아카시아」 중에서

아카시아는 슬픔을 감추고 있다. 시인은 마음이 울적할 때 호젓이 산길을 걸으면 슬픔을 주렁 주렁 늘어뜨리고 온 산을 덮고 공감해주는 아카시아 향기가 좋다.

잠시 바람에도 흐느끼는 향기
내 마음 그 어디를 찾아 흐르나
슬픔이 있는 너의 모습이 좋아라
눈물 감추는 / 너의 향기가 좋아라
- 서정윤, 「아카시아 길」 중에서

아카시아 꽃은 눈물을 감추고 있다. 벼랑 위의 아카시아나무는 남의 집 삯베를 짜느라 머리가 어지럽고 혼미한 어머니의 근심과 눈물을 생각나게 한다.

수저로 건져도 쌀알은 없어
뻐꾸기 울음소리 핑그르르 빠지던
때깔만은 고운 사기 대접에
퍼어런 쑥죽물
꽃이라도 벼랑에
근심으로 허리 휘는
하이얀 아카시아 꽃 피었네
- 나태주, 「아카시아 꽃」 중에서

아카시아 향기

아카시아는 향기로 벌을 부른다. 벌에게 마음의 빗장을 풀고 꽃을 열어 향기를 내뿜고 단 꿀을 내준다. 시인은 경계와 의심, 불신과 편견을 버리고 서로 마음의 문을 활짝 열고 소통하고 사랑하며 인생을 향기롭게 살고 싶다.

아카시아 흐드러진
꽃그늘에 앉아 너를 생각한다
맘 하나 툭툭 터트려
열어버리면 이토록 향기롭지 않느냐
- 허영미, 「아카시아꽃 그늘에 앉아서」 중에서

아카시아는 비밀의 이야기꾼이다. 해가 지면 아카시아는 이야기를 한 자루 가득 담아 마을에 쏟아붓는다. 아카시아 꽃향기에 달빛이 취하고 사람도 취한다. 아카시아 향기로운 5월의 언어는 동화를 만든다(박혜숙, 「오월에」). 아카시아꽃과 찔레꽃은 꽃보다 향기로 더 알려져 있다. 먼 곳에서 날아오는 아카시아 향기는 그리운 고향의 봄소식이며 향긋한 냄새 맡으며 말없이 함께 걷던 먼 옛날 고향길의 추억을 떠올리게 한다.

고향 땅이 여기서 얼마나 되나
푸른 하늘 끝닿은 여긴가 거긴가
아카시아 흰 꽃이 바람에 날리니
고향에도 지금쯤 뻐꾹새 울겠네
- 윤석중, 「고향땅」 중에서

가볍게 날아라

민들레의 꽃말은 분산이다. 전설에 의하면 민들레는 노아의 홍수 때 땅에 발이 묻혀 도망갈 수 없었고 위기를 극복하려고 애쓰다가 머리가 하얗게 되었다. 민들레는 신에게 기도하였고 신은 민들레 씨를 바람에 날려 산 중턱 양지바른 곳에 옮겨주었다고 한다. 민들레는 씨를 바람에 날려서 멀리 보낸다. 민들레는 자식에게 자유 찾아 행복 찾아 가볍게 날아가 좋은 곳에 자리 잡고 살라고 한다. 바람에 날리는 민들레 씨의 가벼움은 시인에게 많은 영감을 준다. 민들레 씨는 아득한 거리에서 조용히 찾아와 외로운 시인의 마음을 위로해준다.

아, 얼마나 한 위로이랴

소리쳐 부를 수도 없는 이 아득한 거리

그대 조용히 나를 찾아오느니

…

그대 맑은 눈을 들어 나를 보느니

- 조지훈, 「민들레 꽃」 중에서

한편 민들레는 잠시 머물다 바람과 함께 사라지는 야속한 사랑으로 표현되기도 한다.

영원히

머물 것 같더니

풍경 소리 울어대는 밤

바람 품에 안겨

편히 가세요

야속한 사랑처럼

- 김도연, 「민들레 꽃」 중에서

민들레꽃은 가볍게 날아 세상의 강을 건너는 법을 알려준다. 민들레는 재빨리 꽃을 피우고 물기를 없애고 무게를 최대한 줄이고 바람을 타고 날아간다. 민들레는 우리에게 일생을 열정적으로 살다가 노년에는 몸을 최대한 가볍게 하고 아름다운 결별을 준비하라고 한다.

시인의 눈에 비친 민들레

민들레는 그 생김새 때문에 시에서 여러 가지 형태로 표현되고 있다. 민들레꽃 진 자리에 앉아 있는 둥근 공 모양은 가벼운 씨들이 햇빛 에너지를 충전하고 있는 행성, 안테나 위에 있는 행성이다(이윤학, 「민들레」).

> 정거장도
> 아닌 곳에
> 머물러 있는 행성 하나
> 마음의 끝에는
> 돌아보지 않을 행성 하나 있어
> 뿔뿔이 흩어질 홀씨들의
> 여려터진 마음 있어
> 민들레는 높이
> 안테나를 세우고 있는 건지도 모른다
>
> - 이윤학, 「민들레」 중에서

시에서 민들레꽃은 에미, 애비도 모르는 고아들, 미혼모가 생기기 좋은 봄날 햇빛 한 줌씩 먹고 입덧하는 계집아이들, 한순간에 백발이 되어버린 철없는 엄마들(정병근, 「민들레」), 애비 없는 자식들을 생산할 노란 머리핀 꽂은 소녀(손순미, 「민들레」), 말없이 피어나 말없이 지는 예쁜 노란 별(김상미, 「민들레」)이다.

민들레가 하얗게 머리 풀고 얇은 씨를 날리면 춤추는 나비들도 길을 비켜가고(이해인, 「민들레」), 꽃을 다 날려버리고 땅에 박혀 있는 빈 꽃대는 마땅히 해야 할 일을 해낸, 첫 아이를 순산한 젊은 어미의 자세다(이문재, 「민들레 압정」). 가난한 시인의 좁은 마당에 환하게 피어 있는 노란 민들레는 해 질 녘 골목길에 울고 있다가 대문 열고 들어온 앞니 한 개 빠진 조그만 애기(허영자, 「민들레」), 노란 신발 신고 나에게 가만가만 다가와 봄 햇살 쬐고 있는 조그만 여자아이다(오순택, 「민들레꽃」). 풀밭에 피어 있는 민들레는 봄바람과 겨울바람이 나가라 못 간다고 서로 밀고 당기다가 풀밭에 떨어진 노란 단추이며(우남희, 「봄의 길목에서」), 들에 홀로 서 있는 민들레는 발자국도 남기지 않고 별처럼 아득한 길 멀리 떠나야 하는 슬픈 꿈을 가진 노란 고독의 몸짓이다(홍윤기, 「민들레야」). 보도블럭 사이에 끼어 피어난 민들레는 아파트 뒷길 보도블럭에 쭈그리고 앉아 우는 날이 많았던 시인의 모습이다(정호승, 「민들레」).

사랑의 피학성, 행복에 대하여

들에 핀 초라한 제비꽃 한 송이

양치기 소녀를 사랑했네

오! 내 사랑 나를 바라보고 안아준다면

그런 순간이 온다면 얼마나 좋을까

하지만 운명은 잔인한 것

소녀는 다가와 눈길 한 번 주지 않고

제비꽃을 짓밟아 버렸네

제비꽃은 죽고 말았지만 행복했네

다름 아닌 그녀의 사랑스러운 발에 밟혀 죽었으므로

가련한 제비꽃

그것은 가장 사랑스러운 제비꽃이었네

- 괴테, 「제비꽃」 중에서

이것은 괴테의 시에 모차르트가 음악을 붙인 것이다. 제비꽃은 사랑하는 그녀에게 꺾여서 안기기를(소유되기를) 원하지만 그녀의 부주의로 발에 밟혀 죽는다. 그러나 다른 사람이 아닌 그녀의 발에 밟혔음을 기뻐하며 행복하게 죽는다. 사랑하는 대상에 대한 과도한 소유욕은 가학성(sadism) 또는 피학성(masochism)으로 변형될 수 있다.

한편 이 시는 행복에 대한 은유로도 해석된다. 소녀의 부주의로 발에 밟혀 죽은 들판의 작고 보잘것없는 제비꽃(앉은뱅이꽃) 한 송이도 생명으로 태어난 보람이 있었다는 것은 인생의 행복이 보람 있는 일을 하는 데 있다는 것을 깨우쳐준다. 세속적으로 성공하지 못한 보잘것없는 인생이라 하더라도 삶의 보람을 찾을 수 있다면 행복할 수 있다는 것이다.

제비꽃이 하는 말

제비꽃의 꽃말은 '순진한 사랑', '나를 생각해 주오'이다. 시에서 제비꽃은 다음과 같이 표현되고 있다.

제비꽃은 해맑은 눈망울, 긴 머리에 고운 뺨을 가진 진보랏빛 스웨터 입은 소녀다(백수인, 「제비꽃」). 제비꽃은 머리핀 좋아하던 여인이 죽어서 산자락 묏등에 피어난 머리꽃핀이다(공광규, 「제비꽃 머리핀」). 제비꽃은 세상이 버린 듯한 모퉁이에 봄보다 먼저 피어오는 보랏빛 희망이다(남정림, 「제비꽃」).

제비꽃은 꽃송이가 작고 잎도 작고 줄기도 짧다. 작은 데다가 보랏빛 수줍음 때문인지 모퉁이 구석에 숨어 필 때가 많아 잘 보이지도 않는다. 제비꽃은 작고 보잘것없어 앉은뱅이꽃이라고도 한다. 허리를 낮추고 고개를 숙여야 볼 수 있는 제비꽃은 우리에게 겸손을 가르쳐 준다.

작음에
숨어 숨어 참 빛 발하는
보랏빛 겸손
- 김윤자, 「제비꽃」 중에서

사랑은 몸을 낮추고 겸손하게 관심을 기울일 때 우리에게 다가온다.

장미 향기

장미꽃 속에는 향기가 머문다. 장미는 꽃술 속에 겹겹이 벽을 쌓고 바닥과 천장을 만들어 향기를 보관하고 나비와 벌을 부른다. 장미의 집은 해머로 두드리면 쓰러지는 허약한 처소가 아니라 견고한 향기의 처소다(문성해, 「향기의 처소」).

> 장미 향기를 맡으면
> 그 속에 들어가 살고 싶어지네
> …
> 얼마나 견고한가
> 시들지 않으면 쓰러지지 않는
> 향기의 처소란
> **- 문성해, 「향기의 처소」 중에서**

장미 꽃잎은 겹겹이 쌓인 눈꺼풀이다. 시인은 그 눈꺼풀 밑에서 익명의 사람으로 기쁘게 잠들고 싶다.

> 장미여, 오 순수한 모순이여
> 겹겹이 쌓인 눈꺼풀 아래에서
> 누구의 잠도 아닌 기쁨이여
> **- 릴케 묘비명**

장미에는 내가 물을 주고 가꾼 시간들이 겹겹이 무늬로 익어 있고 그 안에 길이 있다(이해인, 「장미를 생각하며」), 한편 장미꽃은 내가 키운 붉은 웃음이고 꽃 속에는 비명이 살고 있다(신재한, 「장미」).

붉은 장미의 꽃말은 열렬한 사랑이다. 시에서 붉은 장미꽃은 눈물을 태워 얻은 것이다. 눈물을 태워 얻은 꽃잎이 세월 따라 겹겹이 쌓여 장미꽃이 되었으니 시인은 장미를 사랑한다.

> 눈물을 태워본 적이 있는가
> 한철 불꽃으로 타오르는 장미
> 불꽃 심연
> 겹겹이 쌓인 꽃잎을 떼어내듯이
> 세월을 버리는 것이 사랑 아닌가
> **- 나오열, 「장미를 사랑한 이유」 중에서**

장미 가시

장미는 언제나 가시와 함께 있다. 가시가 없는 장미는 장미가 아니다. 장미가 매혹적인 이유는 언제나 가시를 곤추세우고 아닌 것에 맞설 용기, 아니라고 말할 의지가 있기 때문이다(홍수희, 「장미를 위하여」).

꽃잎은 더없이 / 부드러워도
그 향기는 / 봄눈처럼 황홀하여도
가시가 있어서 / 장미는 장미가 된다
- 홍수희, 「장미를 위하여」 중에서

인생은 꽃길이 아니다. 장미꽃을 껴안듯이 가시에 찔리면서 가야 하는 길이다. 가시를 피하려고 애쓰는 것은 더 큰 고통을 부른다.

꽃이었다고 여겨왔던 것이 잘못이었다
가시에 찔리지 않으려고 애썼던 것이 고통이었다
슬픔이 깊으면 눈물이 된다
가시가 된다
- 나오열, 「장미를 사랑한 이유」 중에서

인생에서 고통 없이 거저 얻을 수 있는 것은 거의 없다. 어느 정도의 고통은 인생에서 불가피하게 겪어야 하며 고통을 피하려는 것은 더 큰 고통을 부른다. 고통은 문제해결 능력, 위기관리 능력, 위기대처 능력을 길러주어 인간을 한층 더 도약하게 하고 성숙하게 한다. 고통이 없다면 인간의 정신은 시들게 된다. 고통은 더 큰 불행으로부터 우리를 구원해주는 최고의 스승이다. 그러니 가시 없는 장미를 원하지 말라. "가시(십자가) 없이 면류관 없다(No cross, no crown - 고난 없이 영광 없다)."

시인은 겹겹이 쌓인 꽃잎을 떼어내듯이 세월을 버리며 살아가는 것이 인생이라고 한다. 세월의 꽃잎이 모두 떨어지고 처연하게 가시만 남은 장미 앞에서 시인은 자신의 소명을 다한 후 한 겹의 애착도 남기지 않고 가벼운 영혼이 된 장미를 사랑하게 된다.

마음도 몸도 다 타버리고도 난 후
하늘을 향해 공손히 모은 두 손
나는 장미를 사랑한다
- 나오열, 「장미를 사랑한 이유」 중에서

장미의 모순, 사랑과 미움

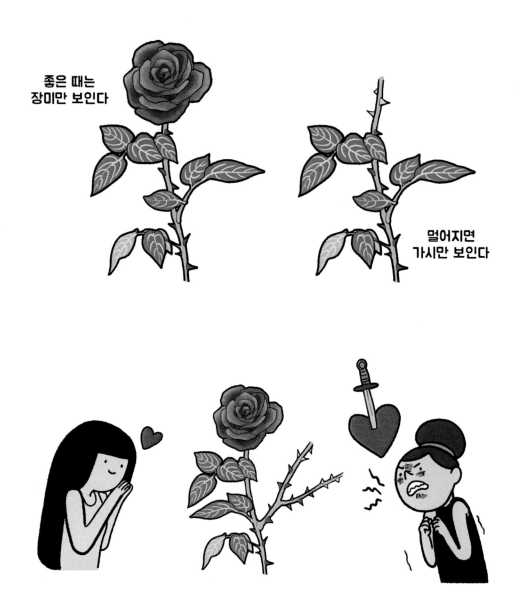

가시를 품고 있는 장미는 사랑과 미움이 함께하고 있음을 나타낸다. 서로 좋을 때는 상대방이 장미로 보이지만 멀어지면 가시만 보이게 된다.

장미꽃이 곱다고 해도 꺾어보니 가시로다
사랑이 좋다고 해도 남 되고 보니 원수로다
- 「창부타령」 중에서

사랑하는 동안에는 서로 좋았다가 벗어나고 싶고, 멀어지면 섭섭하고 그리워진다. 사랑하기 때문에 미워하고, 죽도록 사랑하기 때문에 죽도록 미워하기도 한다.

세월의 어느 모퉁이에서
한눈에 쏙 들어왔지만
내 여자 살갗을 톡 찌른 독한 가시
그 한 송이 장미를
나는 미워하면서도 사랑한다
- 정연복, 「장미」 중에서

사랑에는 아낌없는 애정과 헌신, 소유욕에 의한 질투 등 피학성(被虐性, masochism)과 가학성(加虐性, sadism)이 동시에 존재한다.

사랑하고 싶을 때
내 몸엔 가시가 돋아난다
…
나를 찌르고 내가 껴안는 사람을 찌른다
가시돋힌 혀로 사랑하는 이의 얼굴을 핥고
그녀의 온몸에 피의 문신을 새기는 일
…
죽이며 죽어간다
- 허수경, 「어느 사랑의 기록」 중에서

장미의 모순, 인간의 모순

장미는 아름답지만 장미 가시를 보면 무섭다는 생각이 든다. 사람에게도 선한 본성과 숨겨진 공격성이 있다. 그런데 이러한 모순은 위선적인 것이 아니라 지극히 인간적인 것이다.

> 빨간 덩굴장미가 담을 타오르는 / 그 집에 사는 이는
> 참 아름다운 사람일 거라고 생각했다
> 낙엽이 지고 덩굴 속에 쇠창살이 드러나자
> 그 집 주인은 / 감추어야 할 것이 많은 / 두려운 사람이었구나 생각하려다가
> 지극히 인간적인 사람이구나 생각하기로 했다
> **- 복효근, 「내가 정말 장미를 사랑한다면」 중에서**

사람에게는 선한 본성이 있는 반면 숨겨진 공격성이 있다. 사람들은 그 누구도 자신의 위치, 경제적 조건이 안전하지 않다고 생각한다. 다른 사람이 나를 위협할 수도 있고 해칠 수도 있기 때문에 사람들은 내 밥그릇을 지키기 위해, 타인의 인정과 관심을 받기 위해 공격적으로 되기 쉽다. 사람들은 자기의 안전을 위하여 자기 주장을 관철하려고 하고 남을 변화시키려고 하고 자신의 영향력을 확대시키려고 한다. 어떤 사람들은 남을 공격하고 끌어내리는 데서 쾌감을 느끼기도 한다. 생존경쟁의 사회에서는 누구나 상냥한 얼굴 뒤에 적개심을 숨기고 있다. 인간은 신성한 별에서 떨어진 천사 같은 존재가 아니라 원시적 본능을 간직한 영장류일 뿐이며 다만 문명의 발달로 내면의 어두운 충동을 은폐하고 억누르고 있을 뿐이다. 모순을 받아들일 때 인간은 성숙한다.

삶은 가시투성이의 장미다. 그러나 그것을 장미로 받아들일 것인지 가시로 받아들일 것인지는 각자의 생각과 태도에 달려 있다.

> 눈먼 손으로 / 나는 삶을 만져 보았네
> 그건 가시투성이였어
> … 그러나 나는
> 한 송이의 장미꽃도 보지 못하였네
> … 삶은 가시장미인가 장미가시인가
> **- 김승희, 「장미와 가시」 중에서**

삶은 가시가 많은 장미와 같다. 가시가 많다고 해서 가시에 찔려 삶이 괴로웠는가, 더욱 향기로웠는가? 그것은 관점의 차이다. 가시가 싫어서 장미를 피할 것인가? 인생의 시련이 두렵다고 해서 그것을 피할 것인가? 사랑의 아픔과 상처가 두려워서 사랑을 포기할 것인가? 고난 없이 영광 없다. 어떤 인생을 살아갈 것인지는 각자의 생각과 태도에 달렸다.

백합의 골짜기

백합은 흰 옷을 입은 천사처럼 밝고 환하다. 이 때문에 백합의 골짜기는 빛과 영광이 가득한 시기, 성취와 행복, 환희의 시기를 나타낸다.

가을에는
호올로 있게 하소서
굽이치는 바다와
백합의 골짜기를 지나
마른 나무에 다다른 까마귀같이
- 김현승, 「가을의 기도」 중에서

인생은 굽이치는 바다(꿈꾸며 고뇌하는 질풍노도의 청년기)를 건너 백합의 골짜기(장년기)를 지나 영혼의 가을(노년기)에 도달한다. 이때는 꿈의 날개를 접고 올바른 것을 놓친 잘못과 태만을 돌아보는 때(존 키츠, 「인생의 계절」), 자신을 성찰하고 신 앞에 선 단독자(키에르케고르)로서 신에게 바칠 보고서를 준비해야 한다. 마른 나무에 다다른 까마귀같이 고독과 마주하며 진실한 삶을 살아야 한다.

가시밭에 있는 흰 백합은 낙원에서 추방된 인간의 어려운 삶을 상징한다. 인적이 끊어진 깊은 산속 가시밭에 홀로 피어 향기를 내뿜는 백합은 험한 세상 속 정결한 성자의 모습이다.

가시밭의 한 송이 흰 백합화
고요히 머리 숙여 홀로 피었네
…
어여뻐라 순결한 흰 백합화
그윽한 네 향기 영원하리라
- 김성태, 「한 송이 흰 백합화」 중에서

백합은 세상을 빛나게 한다, 백합은 죽어서도 빛을 준다

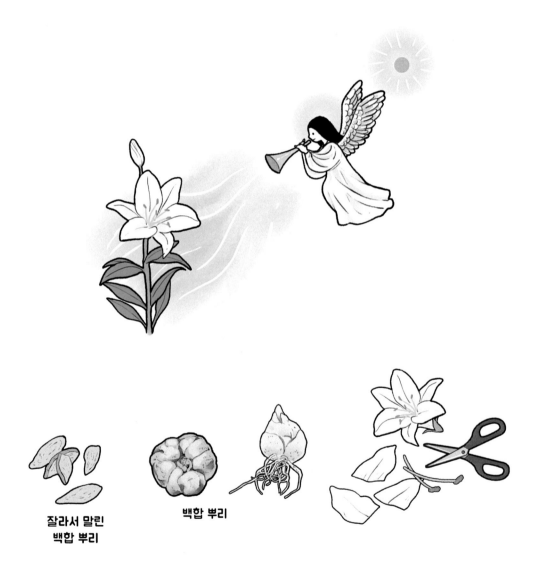

잘라서 말린
백합 뿌리

백합 뿌리

• 백합은 세상을 빛나게 한다

백합의 꽃말은 순결이다. 시에서 백합은 흰 옷 입고 승리의 나팔을 불며 오는 천사(이해인, 「백합의 말」), 빛으로 밤을 물리치는 존재다(박두진, 「흰 장미와 백합꽃을 흔들며」).

눈 같이 흰 옷을 입고 오십시오

…

빛을 거느리고 당신이 오시면
밤은 영원히 물러간다 하였으니
반가워 눈물 머금고 맞으오리니
그렇게, 희고 빛나는 옷을 입고 오십시오
- 박두진, 「흰 장미와 백합꽃을 흔들며」 중에서

• 백합은 죽어서도 빛을 준다

백합의 구근은 비늘처럼 한 겹 한 겹 싸여 있다. 백합 구근에 있는 성분은 폐를 윤택하게 하고 기침을 멎게 하며 정신을 안정시키는 효과가 있다. 또 암세포 성장 억제, 진정작용 효과가 있고 피부궤양, 수술 후 지혈에도 효과가 있다고 한다. 이 때문에 백합은 약재로도 사용된다.

주검이 처분되고 있다 ; 흰 백합꽃

…

무자비한 주검 ; 순결이 절단된 백합 한 송이

…

흰 백합 꽃 - 낙태 전문의의 오른손에서
심란하게 가위질당한다
- 이연주, 「백합꽃」 중에서

백합은 약초로 팔려나가기 위해 두 번 죽는다. 백합은 죽어서도 빛을 준다. 그윽한 네 향기 영원하리니.

사랑과 정열의 해바라기

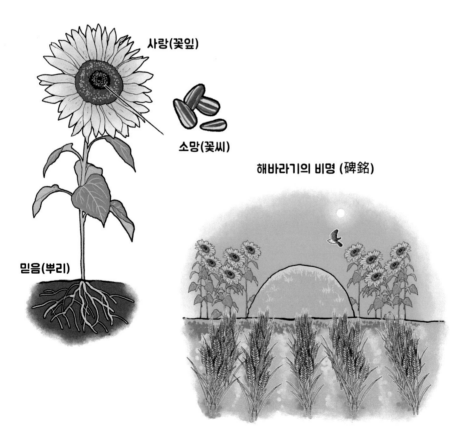

사랑(꽃잎)

소망(꽃씨)

해바라기의 비명 (碑銘)

믿음(뿌리)

해바라기의 꽃말은 숭배, 기다림이다. 시에서 해바라기는 불타는 사랑을 나타낸다. 해를 닮은 해바라기, 태양빛으로 물든 배 속이 까맣게 타도록 그리움의 씨앗을 간직한 해바라기는 한 사람만 바라보는 일편단심의 사랑이다.

해바라기처럼 살고 싶다
어느 한 사람만을 위해 서있는
영원한 해바라기 사랑이고 싶다
- 김기만, 「해바라기 사랑」 중에서

늘 태양을 향해 있고 태양빛으로 물든 해바라기, 빛나는 태양 눈부셔 고개 숙이는 해바라기는 절대자를 향한 구도자의 자세를 가지고 있다. 구도자는 사랑의 꽃잎, 소망의 꽃씨, 믿음의 뿌리를 가지고 언제나 해바라기와 같은 마음으로, 고운 실로 신의 비단옷을 짜듯이 아름다운 글을 쓰며 신으로부터 부여받은 소명의 삶을 살고 싶어 한다.

당신 아닌 누구도 치유할 수 없는
내 불치의 병은 사랑
…
나의 임금이여
드릴 것은 상처뿐이어도
어둠에 숨지지 않고 섬겨 살기 원이옵니다
- 이해인, 「해바라기 연가」 중에서

태양 같은 불꽃을 가진 해바라기는 생명력, 삶에 대한 강렬한 의지와 정열을 나타내는 상징이다. 시인은 죽음을 대비시켜 해바라기를 통해 삶에 대한 강렬한 의지와 정열을 불태운다.

나의 무덤 앞에는 그 차가운 빗돌은 세우지 말라
나의 무덤 주위에는 그 노오란 해바라기를 심어 달라
…
노오란 해바라기는 늘 태양같이 태양같이 하던
화려한 나의 사랑이라고 생각하라
- 함형수, 「해바라기의 비명」 중에서

연꽃

연꽃의 꽃말은 순결, 청순한 마음이다. 연꽃은 진흙 속에 뿌리를 내리고 혼탁한 수렁, 썩어가는 시궁창 위에서 꽃을 피우기 때문에 성스러운 존재로 인식되어 왔다. 연꽃은 진흙에서 나와서도 더러움에 물들지 아니하고 수면 위에 꽃불로, 꽃등으로 피어나 밝은 빛, 맑은 향기를 전한다. 연꽃은 더러운 곳에서도 깨끗한 것, 정수만을 뽑아올린다.

사랑을 두레박질하여

정갈히 길어 올리는 별빛

물의 순수

물의 살과 뼈

물의 정기

- 손해일, 「연꽃」 중에서

연꽃은 환생, 부활을 상징한다. 연의 씨는 단단한 목질의 외피로 덮여 있는데 이탄 늪에서 발견된 1,000년 전의 연 씨도 물에 넣으면 싹이 트는 경우가 있을 정도로 연꽃은 생명력이 강하다. 연의 씨앗은 말라붙은 호수 바닥에 장기간 휴면 상태로 있다가 물에 닿으면 피어나 발아하는 속도가 매우 빠른데 한 그루가 습지 전체를 가득 채울 수도 있다고 한다. 연꽃의 이러한 성질 때문에 연꽃은 부활의 상징이다. 효녀 심청이도 연꽃을 타고 환생하였다. 부활의 상징인 연꽃은 마음의 상처를 위로해준다.

세상의 아픈 기억들을 저 늪 바닥에 곱게 뉘이고

해맑게 나를 반기며 피어올라

와락 안기는구나

…

아물지 않은 상처

하얗게 비춰주네

- 지철승, 「연꽃이 필 때」 중에서

연잎

방수옷

방수 페인트

테양전지판

연잎은 물에 젖지 않는다. 연잎에는 솜털 같은 나노돌기가 있어서 물방울이 떨어지면 구슬처럼 통통 튀면서 굴러 떨어진다. 연잎은 자가세정 효과가 있어서 젖지 않는다. 물에 젖지 않고 깨끗한 연잎의 이러한 특성은 시인들에게 찬탄의 대상이 된다.

연잎에 맺힌 이슬방울 또르르 또르르
세상 오욕에 물들지 않는 굳은 의지
- 이문조, 「연꽃」 중에서

연잎 위에 비가 내리거나 물을 뿌리면 물방울이 먼지, 곰팡이, 세균도 함께 끌고 가서 연잎은 항상 깨끗하다. 이 때문에 연잎은 반찬, 밥 포장에 사용되고 옛날에는 우산으로 사용되기도 했다. 더러움을 허용하지 않는 연의 모습은 청정하고 성스럽다.

그 몸은 물방울 하나도
헛되이 빌붙지 못하게 하거늘
무어라 이름할 수 없는 신선함
먼지 하나 범할 수 없고
숨소리도 죽여야 하느니
청정한 고운 님의 경지
선학이 꿈꾸고 있는지
- 구상, 「연이여」 중에서

연잎의 방수효과 및 자가세정효과(연잎효과, lotus effect)는 직물, 방수의류, 방수페인트, 김서림방지 마이크로칩, 태양전지판 같은 제조기술에 활용되고 있다.

연꽃은 성인, 군자

진흙 속에 뿌리를 내리고 혼탁한 곳에서도 자신을 지키며 피어올라 맑은 향기를 전하는 연꽃은 삶의 고통을 거름으로 삼아 살아가는 사람이며 오염된 세상에서 순수함을 지키며 세상을 정화하고 세상에 불을 밝히는 성인의 풍모를 가지고 있다.

세상이 험난하고 역겨운 일이 난무해도
스스로 제 몸을 곧추가누고
이 지상에 고운 것만 걸러내 세우니
뉘 감히 범할 수 있으랴만

- 구상, 「연이여」 중에서

연꽃은 더럽고 눅눅한 곳에서도 조금도 싫은 내색 하지 않고 평온이 깃든 웃음으로 수면 위를 밝게 비춰준다. 진흙뻘 속에서 고통을 겪으면서도 온 힘을 다해 꽃잎을 키워내 자신의 빛깔을 고정시키고 세상에 고운 향기를 내뿜는 연꽃은 자비로운 부처 같은 존재이다.

썩은 물 먹고서도 어찌 저리 맑을까
길게 뻗는 꽃대궁에 부처님의 환한 미소
혼탁한 세상 어두운 세상 불 밝힐 이
자비의 은은한 미소 연꽃 너밖에 없구나

- 이문조, 「연꽃」 중에서

사랑과 추억이 머무는 메밀밭

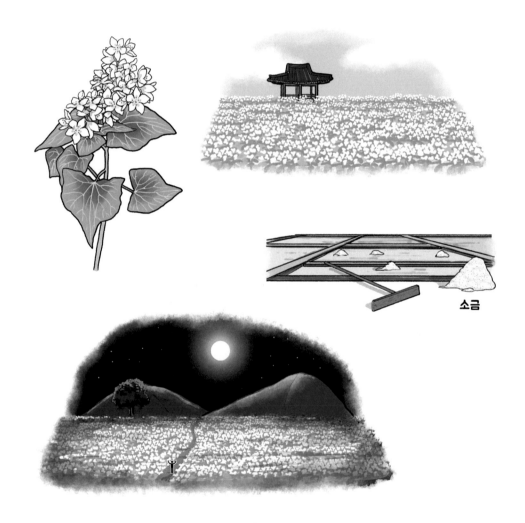

소금

메밀꽃의 꽃말은 연인, 사랑의 약속이다. 메밀꽃이 활짝 피어 있는 밭에는 사랑과 미소가 머문다.

백빛 날개 춤을 추다 / 그대의 손에 앉아버린

미소 띄운 메밀꽃밭

바람 끝에 매여 있는 / 그대의 사랑이 안온한 가슴으로

하얗게 안기었다

- 이해인, 「메밀꽃 미소」 중에서

메밀꽃밭에는 추억이 머문다. 어릴 적 할머니와 함께 메밀꽃밭 사이를 다니던 시인은 할머니가 돌아가신 후 멍석 깔고 마당에 누울 때 밤하늘에서 별로 피어 있는 메밀꽃밭을 본다(이성선, 「고향의 천정」).

메밀은 소금 같다. 문학에서 메밀꽃이 하얗게 피어 있는 밭은 소금밭처럼 보인다.

형체도 모양도 없이 / 산비탈에 엎질러져서

둥둥 떠내려 오는 소금밭

- 송수권, 「메밀꽃밭」 중에서

산허리는 온통 메밀밭이어서 피기 시작한 꽃이 소금을 뿌린 듯이 흐뭇한 달빛에 숨이 막힐 지경이다.

- 이효석, 「메밀꽃 필 무렵」 중에서

달 밝은 밤 메밀꽃이 하얗게 피어 있는 길은 젊은 시절 단 한 번의 사랑을 소중하게 간직하고 그리워하며 평생 외롭게 장터를 떠돌던 장돌뱅이 허생원의 인생을 고통스럽지 않게, 아름답게 꾸며주고 있다.

소금을 뿌린 듯 하얀 메밀밭은 마음을 맑게 해준다(소금은 정화작용을 한다). 그래서 시인은 마음이 지치고 시들 때 가끔씩 홀로 메밀밭을 찾아간다.

달밤에 할 일 없으면 메밀꽃을 보러 간다

...

병든 수수대의 가슴을 메우는 / 그 수북한 메밀꽃 물결,

때로는 거기 누워서 / 울고도 싶은 마음

- 박성룡, 「메밀꽃」

소녀의 순정, 순애보, 어머니

코스모스의 꽃말은 소녀의 순정(흰 코스모스), 순애보(붉은 코스모스)이다. 신이 맨 처음 만든 꽃이라는 전설 때문에 소박하게 느껴지는 코스모스는 꽃이 화려하지도 않고, 향기가 그윽하지도 진하지도 않으며, 몸이 가냘프게 생겨 때 묻지 않고 가식 없는 순수함을 가진 소녀 같은 이미지를 풍긴다. 시에서 코스모스의 모습은 가녀린 목덜미를 가진 해맑은 얼굴의 소녀, 방긋 웃는 소녀, 가을 햇살과 함께 살랑살랑 춤추는 밝고 명랑한 소녀, 수줍음 많고 일렁이는 그리움을 가진 소녀 등 주로 가냘픈 소녀의 모습으로 표현되고 있으나 때로는 가을 하늘을 닮은 단아하고 청초한 여인, 다소곳하고 고운 미소를 짓는 아내와 어머니를 생각나게 하는 꽃으로 묘사되기도 한다. 코스모스는 들길에, 동구 밖 길섶에, 삽짝에, 고향 역 철길에 피어 흙먼지를 뒤집어쓰고 세월의 바람에 흔들리면서도 꺾이지 않고 오고가는 사람을 기다려주고 반겨주고 배웅해준다.

어머니 닮은 코스모스

삽짝에 서서 날 반겨주고

떠나올 때 눈시울 뜨거워지던 어머니

…

해마다 코스모스 필 때 어머니도 거기 서 계실지

- 이춘우, 「코스모스」 중에서

코스모스 피어 있는 가을 들길을 걸을 때면 그리운 사람들이 뛰쳐나와 반겨줄 것 같다. 가을 햇살에 사랑이 익어 가는 어여쁜 가을, 코스모스는 길가에서 서성이며 '그대'를 기다린다.

내 여린 부끄러움 색색으로 물들이고

온 종일 길가에서 서성이는 마음

오직 그대를 향한 것이라면

그대는 밤길이라도 밟아 내게로 오실까

- 목필균, 「코스모스」 중에서

한 해의 마지막에 피는 꽃

추수 끝난 들판

예쁜 소녀　　　청초한 여인

마지막 꽃들은
더 사랑스럽네

가을은 국화의 계절이다. 국화는 따뜻한 봄바람이 대지에 생기를 불어 넣을 때 피지 않고 쓸쓸한 가을에 핀다. 추수가 끝난 들판에, 언덕에, 산모퉁이에, 무덤가에 피어 잔잔한 미소와 은은한 향기로 쓸쓸한 가을을 위로해준다.

들국화는 시에서 낯익은 고향 여자(김영호, 「들국화」), 고향의 딸, 예쁜 소녀(김기덕, 「들국화」), 돈 걱정하는 부모님이 안쓰러워 돈 벌러 갔던 누나의 소박한 미소(이승철, 「들국화2」), 천상의 웃음 띠고 마중 나온 성녀(유안진, 「들국화」) 등으로 표현되고 있다.

국화 향기 짙어질 때 가을은 소리 없이 깊어 가고 삶의 향기도 짙어진다. 국화는 희망을 주는 것들이 떠나가고 찬바람 불고 서리가 내릴 때 핀다. 국화가 지면 한 해는 다 간 것이다. 인간의 행복감은 마지막 순간의 아름다운 기억에 크게 좌우되기 때문에 한 해의 마지막에 피는 꽃들은 더 사랑스럽다.

마지막 꽃들은 더 사랑스럽네
들판의 화려한 첫 꽃들보다도
우리 가슴에 슬픈 꿈들을
더 생생하게 깨우는 마지막 꽃들
그렇게 간혹 이별의 순간은 더 생생하네
달콤한 만남의 순간보다도
- 푸시킨, 「마지막 꽃들은 더 사랑스럽네」

국화가 사랑받는 이유

落木寒天
낙목한천

傲霜孤節
오상고절

고고함, 의연함
끈기, 의지

국화는 봄바람에 대지의 생명들이 피어나는 희망의 시기에 피지 않고 다른 것들이 떠나가는 절망의 시기에 핀다. 찬바람과 된서리에 온갖 시련을 겪으며 피어나 허전한 빈자리를 채워주는 국화는 절개의 상징으로 선비들의 사랑을 받아 왔다. 국화는 오상고절(傲霜孤節, 서리 내리는 추위 속에서도 굴하지 않는 절개)이라고도 불리운다.

국화야 너는 어이 삼월동풍 다 지내고
낙목한천(落木寒天)에 네 홀로 피었는가
아마도 오상고절은 너뿐인가 하노라
- 이정보

풍상(風箱)을 이겨내고 피어 있는 국화는 고고함, 의연함, 끈기, 의지의 상징이다. 한(恨)을 향기로 피워낸 듯한 국화 향기 흐를 때는 삶의 향기가 짙어지고 술 한잔하면서 삶을 음미하고 싶어진다.

국화는 내가 사랑하는 꽃
그 향기 잊을 수 없어
평생 술 마시지 않으나
너로 인해 한 잔 드노라
- 정몽주, 「국화시」 중에서

국화는 고결함, 평화를 나타내기 때문에 장례식 헌화용으로도 사용된다. 흰 국화는 가신 이의 고결한 넋이 저승에 가서도 평화롭게 쉬기를 기원하는 의미가 있다.

사과는 그리움의 열매, 사과는 왜 떨어지는가

그리움

순정

사과는 왜
떨어지는 가?

그리움의 무게

• 사과는 그리움의 열매

시에서 사과는 그리움이 익은 것이다. 사과는 사과꽃이 진 뒤 나뭇가지에 얼굴로 남아 향기를 내뿜는 것이고(고재종, 「사과 꽃길에서 나는 우네」), 빨간 사과는 그리움이 익은 것이다(김춘수, 「능금」).

> 그는 그리움에 산다
> 그리움은 익어서
> 스스로도 견디기 어려운
> 빛깔이 되고 향기가 된다
> **- 김춘수, 「능금」 중에서**

• 사과는 왜 떨어지는가

사과는 중력의 법칙에 의해 떨어진다. 그러나 시는 논리와 일상의 질서를 거부한다. 시는 말이 안 되는 말을 모아서 새로운 의미를 구축하고 새로운 질서를 만든다. 그렇게 함으로써 사물과 삶과 세상을 새롭게 보게 만든다. 시에서 사과는 그리움의 무게로 떨어진다.

> 그리움은 마침내
> 스스로의 무게로 떨어져 온다
> **- 김춘수, 「능금」 중에서**

> 말 못할 순정은 빨간 능금알
> 수줍어 수줍어 고개 숙이다
> …
> 외로워 외로워 눈물 흘리다
> 말없이 떨어지는 능금 빛 순정
> **- 조방, 「능금 빛 순정」 중에서**

썩은 사과부터 먹는 사람의 심리

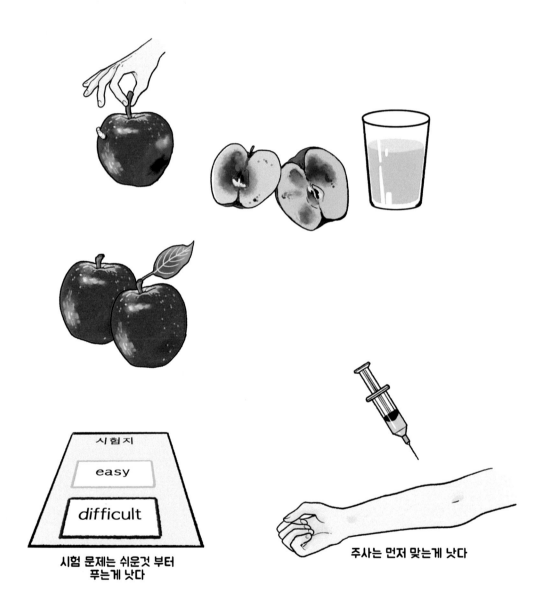

시험 문제는 쉬운것 부터
푸는게 낫다

주사는 먼저 맞는게 낫다

사람들은 사과 중에서 흠이 있는 것을 먼저 먹는다. 썩은 사과가 섞여 있으면 멀쩡한 사과까지 썩게 하기 때문이고 좋은 사과부터 먹으면 한계효용이 체감되어 그 다음부터 사과 맛이 없어지기 때문이다. 또 "매도 먼저 맞는 것이 낫다", "고진감래(苦盡甘來)" 등 현재보다 미래를 더 생각하는 전통적 지혜 때문이기도 하고 상처 있는 인생이 더 아름다운 것처럼 벌레 먹은 사과가 더 맛있는 경우도 실제로 있기 때문이다.

시인은 아픈 사과, 검은 반점이 있는 사과, 진물이 흐르는 사과 등 문제 있는 사과를 먼저 먹는 것이 위험한 문제를 우선 해결해야 한다는 강박관념에 의한 것일 수도 있기 때문에 역발상으로 가장 좋은 사과부터 먹는 습관을 가지는 것이 좋다고 생각한다. 멀쩡한 사과부터 먹게 되면 언제나 가장 좋은 사과를 먹을 수 있고 나쁜 사과부터 먹으면 언제나 가장 나쁜 사과만 먹게 된다는 것이다.

> 가장 좋은 내일은 오지 않고
> 어리석게도
> 날마다 가장 나쁜 사과를 먹는다
> …
> 가장 나쁜 선택은 나쁜 선택을 반복한다
> 가장 좋은 사과부터 먹는 습관을 가진
> 좋은 사람이 되고 싶었는데
> **- 최정란, 「썩은 사과의 사람」 중에서**

어떤 사과부터 먼저 먹을 것인가 하는 문제는 관점의 차이다. 좋은 사과부터 먹는다고 좋은 인생이 되지 않으며 나쁜 사과부터 먹는다고 나쁜 인생이 되지도 않는다. 어느 쪽을 선택하든 모두 위험성이 있다. 편안한 꽃길만 걷던 사람은 인생의 고난에 대처하기 힘들고 고난의 어린 시절을 보낸 사람은 속이 뒤틀려 있어 세상을 증오하고 저주하는 사상에 빠질 수도 있다. 시험 문제는 쉬운 것부터 풀어나가는 것이 시간안배에 유리하고 매는 먼저 맞는 것이 마음 편하다. 썩은 사과는 멀쩡한 사과와 분리하여 썩은 부분을 도려내고 당근, 사과주스를 만들면 된다. 인생에 정답은 없다. 그때그때 상황에 따라 융통성을 발휘하면서 지혜롭게 살아가야 한다.

사과 한 알은 온 우주를 품고 있다

퇴비

사과가
나를
먹는다?

한 송이 국화꽃을 피우기 위해 봄 소쩍새 울음소리, 먹구름과 천둥의 울음, 간밤의 무서리, 불면의 밤이 필요했던 것처럼(서정주, 「국화 옆에서」) 사과 한 알이 익는 데도 온 우주의 협조가 필요하다. 사과가 익기 위해서는 눈부신 햇살, 장맛비, 소슬바람, 눈송이, 벌레의 기억, 농부의 땀방울, 식물학자의 지식, 씨앗, 가지, 잎새, 하늘, 흙, 지구의 중력 등 온 우주의 도움이 필요하다. 이 때문에 시인에게 사과를 먹는 일은 단순히 사과 하나를 먹는 단순한 행위가 아니라 매우 복잡한 의미를 가진 행위가 된다.

사과를 먹는다

…

흙으로 빚어진 사과를 먹는다
흙으로부터 멀리 도망쳐 보려다
흙으로 돌아가고 마는 사과를 먹는다
사과가 나를 먹는다

- 함민복, 「사과를 먹으며」 중에서

시적 언어는 말이 안 되는 듯한 말들이 모여 새로운 의미를 구축하고 사물과 삶을 새롭게 보게 만든다. 흙은 사과를 기른다. 사과는 흙으로 돌아간다. 흙으로 돌아간 사과는 내가 죽으면 나를 먹는다. 따라서 사과가 나를 먹는다는 말이 성립될 수 있다.

모든 존재는 어떤 원인이나 조건이 있어서 생긴 것이며 그 어느 것도 독립적으로 존재할 수 없다. 세상 모든 것은 인연에 따라 생겨나고 없어지고 순환하며 우주만물은 모두 연결되어 있다. 사과 한 알에도 햇빛, 물, 바람, 흙, 농부의 수고, 농기구 등 모든 것이 들어 있듯이 사물 하나에도 우주가 담겨 있다. 모든 존재는 상호의존적이며 인간의 삶 역시 우주 전체와 관련이 있다. 연기의 신비로움과 인연의 소중함은 세상 어느 것이든 함부로 대해서는 안 된다는 것을 깨닫게 한다.

수박은 둥글다

왜 모든 열매들은
둥근가?

남의 인생에
씨 뱉지 말라

수박에 담긴
사랑

수박은 둥글다. 수박뿐 아니라 세상의 모든 열매들은 둥글다. 가시 많은 나무조차도 열매는 둥글고 향기롭다. 열매가 모나지 않고 둥근 이유는 먹히기 위해서다. 먹힐 줄 아는 존재, 희생하는 존재는 둥글다. 젊은 시절 모났던 성품도 나이가 들고 시련을 겪으면 둥글게 된다.

아직도 둥근 것을 보면 아파요
둥근 적이 없었던 청춘이 문득 돌아오다 길 잃은 것처럼
그러나 아휴 둥글기도 해라
저 푸른 지구만한 땅의 열매
- 허수경, 「수박」 중에서

비바람 맞으며 자란 열매는 모나지 않고 둥글다. 사람도 고통과 시련을 겪으면 타인을 좀 더 존중하고, 타인의 고통에 대하여 공감하며 좀 더 관용적으로 되고 위기대처 능력도 강해진다.

중국에는 흘과군중(吃瓜群衆, 중국 발음 츠과췬중)이라는 말이 있다. 이것은 수박이나 해바라기 씨를 까먹으며 구경하는 관중을 말한다. "수박 먹는 이여 남의 인생에 씨 뱉지 말라"는 중국 인터넷 유행어는 남의 사생활이나 스캔들을 구경하면서 제멋대로 입방아를 찧고 희희낙락하는 악플러들 때문에 유명인을 죽음에 이르게 하는 것을 경계하는 말이다. 세상에는 사람 수만큼 많은 삶의 방식이 있다. 타인의 삶을 낱낱이 검색하고 퍼나르고 조롱하며 모난 인생을 살지 말고 자신에게 맞는 삶의 방식을 찾아라. 남을 안되게 하고 끌어내리려는 시간과 노력을 자신의 발전을 위해 투자하라.

시인은 수박에서 사랑을 본다. 수박은 영원한 사랑(태양), 울적한 사랑(구름), 혼자 떠난 피리 같은 사랑(비)을 안고 있다. 수박은 사랑으로 붉게 익어 검은 눈물 같은 사랑(씨앗)을 안고 있다. 시인은 수박을 보며 이제 곧 기적처럼 푸르게 차오르는 냇물의 시간이 온다는 것을 본다(허수경, 「수박」). 한편 홍수 때 갈라진 수박은 시뻘건 내장을 드러내고 할복해서 절규하는 사람이다(김신종, 「홍수」). 시인처럼 사물을 다른 시각으로 보는 것은 사고를 확장시키고 창의력을 높여준다.

감나무는 늙으신 부모님

생각이 난다 홍시가 열리면

반중 조홍감

나이가 들면 철이 든다

잘 익은 붉은 감이 주렁주렁 매달려 있는 늙은 감나무는 사랑을 듬뿍 들고 서 있는 허리 구부정한 어머니, 많은 자식 키우느라 고생하신 어머니를 연상케 한다.

열매를 들고 서 있는 늙은 감나무
가지가 휘도록 맺힌 그 사랑
…
어머님 영상인가 휘어진 감나무
죄로운* 마음에 그늘이 지네
- 김철, 「고향의 감나무」

시에서 홍시, 단감은 사랑이 익은 것을 나타내고 익지 않은 푸른 감, 떫은 감은 아직 성숙하지 못한, 철없는 자식을 나타낸다. 떫고 비리던 풋감이 가을이 되면 홍시가 되는 것처럼 사람도 나이가 들면 철이 들 수밖에 없다(허영자, 「감」). 그러니 홍시가 열리는 가을이 되면 회초리 치고 돌아앉아 우시던 어머니, 잠잘 때 종아리에 약 발라주며 눈물짓던 어머니 생각에 서러운 것이다. 홍시는 치아가 없는 늙은 부모님에게 갖다드리고 싶지만 이미 돌아가셔서 품어 가 반길 이 없어 서럽고(박인로), 늙은 감나무는 힘들게 살아오느라 등허리 굽은 부모님 같아서 마음을 서글프게 한다.

---

* 죄로운: 죄스러운 + 괴로운 → 죄스럽고 괴로운이라는 시어(詩語)

빈집의 감나무, 까치밥

까치밥

• 빈집의 감나무

시인은 빈집의 감나무를 보면서 감나무에 감정이입을 하여 감나무의 시각으로 세상을 본다.

감나무 저도 소식이 궁금한 것이다
그러기에 사립쪽으로도 가지도 더 뻗고
가을이면 그렁 그렁 매달아 놓은 붉은 눈물
- 이재무, 「감나무」 중에서

시인은 빈집의 감나무가 문 밖으로 가지를 더 뻗고 봄이면 새순도 담장 너머 쪽부터 내밀어 틔워 보는 것은 15년 전 주인이 떠난 빈집의 감나무가 주인의 소식이 궁금하고 안부가 그립기 때문이라고 생각한다. 돌아오지 않는 주인을 기다리는 빨간 슬픔의 홍시는 붉은 눈물을 매달고 있다. 사람이 떠나고 없는 빈집의 쓸쓸한 겨울, 감나무는 먹힘으로써 자신의 소명을 다할 수 있게 해줄 대상을 기다린다. 그것이 기다림의 완성이기 때문이다.

까치를 기다릴 때가 좋았지
서리 맞고 하얀 눈이 펑펑 내리고
떨어져 박살이 나도
감 딸 사람은 오지 않네
- 김용택, 「감나무」 중에서

• 까치밥

우리는 과일을 딸 때 전부 따지 않고 높은 나뭇가지 위에 있는 몇 개를 남겨 놓았다. 이것을 까치밥이라고 하는데 까치밥은 인간이 수확물을 독식하지 않고 겨울에 먹이를 찾지 못하는 새들이나 작은 짐승들을 위한 배려였다. 과일 하나가 열리는 데도 하늘, 땅, 비바람, 나비, 벌, 새 등 온 우주가 관여하는 것이니 이러한 배려는 한국인 특유의 정(情)이자 자연을 사랑하는 아름다운 지혜이다. 까치는 동물들 가운데서도 우리 곁에 가장 가까이 있고 반가움을 전해주는 존재이기 때문에 우리는 남겨 놓은 감에 까치의 이름을 붙여 이것을 까치밥이라고 불러 왔다.

우물, 강, 만남, 이별

버드나무가 있는 풍경

버들가지

버드나무는 물과 밀접한 관련이 있다. 버드나무와 물은 서로 좋아하고 서로 도와준다. 버드나무는 습지에서 잘 자라고 정수작용을 하기 때문에 우물가에 많이 심었고 버드나무를 심은 우물은 물맛이 좋다고 알려져 있다. 버드나무가 있는 우물가, 물 긷는 처녀와 두레박, 빨랫방망이 두드리던 아낙네, 버들잎 지는 앞개울, 실개천의 종달새, 강가에 늘어진 버들가지 등은 눈에 익은 한국의 아름다운 풍경들이다. 버드나무가 있는 우물가는 동네 아낙네들이 함께 모여 물 긷고 빨래하고 설거지하면서 정담과 뒷담화를 나누던 곳이다. 또 목마른 나그네에게 버드나무 잎을 띄워 물 한 바가지를 건네주던 여유와 낭만이 있는 곳이고 수양버들 아래 우물가에서 빨래하던 처녀와 목마른 총각의 로맨스가 시작되던 곳이다.

버들가지 새로 스며들어오는 달빛어린 강가에
버들피리 소리 들려올 때면 그리운 내 사랑은 온다
- 전석환, 「버들피리」 중에서

버드나무가 있는 곳은 만남의 장소다. 옛 중국과 조선에서는 이별할 때 버드나무 가지를 꺾어서 증표로 주는 풍습이 있었다. 이것을 절류(折柳)라고 하는데 버들 유(柳)와 머무를 유(留)의 발음이 비슷하기 때문에 임을 떠나보낼 때 버들가지를 꺾어준 것으로 보인다. 가난한 문인들은 비싼 선물을 살 돈이 없었기에 흔한 버들가지를 사용하였다.

떠난 이 애절하게 그리며
버들가지 하나 꺾네
- 임영(조선 후기 문신)

묏버들 가려 꺾어 보내노라 임에게
주무시는 창밖에 심어두고 보소서
밤비에 새 잎 금세 나거든 나로 여기소서
- 홍랑(조선 선조 때 기생)

버들피리

버들피리

고향의 옛추억

봄맞이

산들산들 봄바람이 춤을 추는 봄날, 물이 잘 오른 버드나무 가지를 꺾어 살살 비틀면 껍질만 분리된다. 이것을 호드기라고 하는데 호드기를 불면 피리 소리가 난다. 한국문화에서 버들피리는 고향의 옛 추억을 소환하는 단골소재로 시, 전통가요에 자주 등장한다.

고향 앞에 버드나무 올 봄도 푸르런만

버들피리 꺾어 불던 그때는 옛날

- 김능인, 「타향살이」 중에서

해마다 봄이 오면 버들피리 만들어주던 오빠가 그리워지고(박경문, 「오빠 생각」) 시냇가에서 삐삐 삐리삐 버들피리 함께 불던 옛 동무들이 생각난다.

동무들아 오너라 봄맞이 가자

시냇가에 앉아서 다리도 쉬고

버들피리 만들어 불면서 가자

- 박태현, 「봄맞이 가자」 중에서

사랑이 꽃피는 봄이 되면 18세 소녀는 버들잎 지는 앞개울에서 소쩍새 울 때(님이 올 때)를 기다리고(유호, 「낭랑18세」) 실버들 늘어진 시냇가 징검다리 건너서 돌아오는 임 생각에 가슴이 설레인다.

버들피리 불던 내 고향

시냇가에 무지개 뜨면

징검다리 건너서 임이 돌아온다고

두근두근 설레는 가슴

- 우정, 「꽃바람」 중에서

담쟁이의 끈기와 열정

시에서 담쟁이는 담장을 기어올라가는 초록색 도룡뇽(오지연, 「담쟁이」), 절벽을 기어오르는 자벌레(임윤식, 「담쟁이 넝쿨」), 자일을 걸고 암벽을 오르는 사람, 푸른 실핏줄(손광세, 「담쟁이 넝쿨」), 초록의 불꽃(백유선, 「생명-담쟁이」), 세상의 심장(정현종, 「빨간 담쟁이 넝쿨」) 등으로 표현되고 있다.

담쟁이의 가장 큰 특징은 바위나 담벼락, 벽에 붙어서 악착같이 사력을 다해 넘어간다는 것이다. 포기와 좌절을 모르는 이런 특성 때문에 담쟁이는 시의 소재로 많이 활용된다. 산다는 것은 생존경쟁에서 떨어지지 않고 밀려나지 않은 채 좋은 자리를 차지하기 위해 악착같이 버티며 암벽을 타고 올라가는 것과 같다.

> 김과장이 담벼락에 붙어있다
> 이부장도 담벼락에 붙어있다
> …
> 모두가 그렇게 붙어있는 것이다
> …
> 수많은 담벼락에 빽빽하게 붙어
> 눈물나게 발악을 하고 있는 것이다
> **- 권대웅, 「담쟁이 넝쿨」 중에서**

담쟁이는 혼자서 허공을 지탱할 수 없으니 서로를 그물처럼 얽고 벽을 넘어간다. 무서운 태풍도 비바람도 담쟁이를 떼어낼 수 없다. 담쟁이는 포기를 모르는 집념과 열정으로 절망의 벽을 넘어간다.

> 푸르게 절망을 다 덮을 때까지
> 바로 그 절망을 잡고 놓지 않는다
> **- 도종환, 「담쟁이」 중에서**

다음은 담쟁이가 하는 말이다.
"꿈과 열정을 포기하지 말라. 네 넝쿨 안에도 하늘로 오르는 힘이 숨어 있다(정갑숙, 「담쟁이의 편지」). 절망 뒤에는 희망이 있다. 절망의 벽을 넘어가라. 힘들면 손잡고 함께 넘어가라. 벼랑 끝 절망이 너의 희망이다(강상기, 「담쟁이」). 세상에서 가장 험한 벽은 네 안의 벽이다(홍수희, 「담쟁이」). 너는 온몸이 뿌리다(강형철, 「담쟁이 넝쿨」). 절망을 희망으로 덮는 사람이 되어라."

담쟁이의 사랑, 담쟁이의 독서법

불가능한 사랑

세상을 등지고
살지 마라

담쟁이는 스스로 일어서지 못하고 끝없이 무언가를 붙잡고 타고 오른다. 이것은 하늘이 내린 형벌, 중독, 전염이다(이민화, 「담쟁이 사랑」). 시인이 보는 담쟁이의 사랑은 말할 수 없는 사랑, 불가능한 사랑이다.

그대 집 다 메워도 / 그대 맘 곁에 못가 / 혹독한 추위에 / 몸이 얼고 생각이 얼고

기어이 / 가슴 하나 남긴 채 / 전설속에 사라진다

- 이민화, 「담쟁이 사랑」 중에서

담쟁이 잎은 심장 모양이고 열매는 검다. 허공이 너무 길어 살점이 썩어야만 반대편으로 건너갈 수 있다. 담쟁이의 사랑은 가혹한 사랑이다(김철식, 「담쟁이 넝쿨」). 담쟁이는 누구도 뿌리내리지 않으려는 곳에 뿌리를 내리고 슬픔의 동아줄을 엮으며 하늘로 오른다. 담쟁이의 사랑은 무모한 집착, 지독한 사랑이다(이경임, 「담쟁이」).

내겐 허무의 벽으로 보이는 것이 / 그 여자에겐 세상으로 통하는 창문인지도 몰라

내겐 무모한 집착으로 보이는 것이 / 그 여자에겐 황홀한 광기인지도 몰라

…

마침내 벽 하나를 / 몸속에 집어넣고 / 온몸으로 벽을 갉아 먹고 있네

아, 지독한 사랑이네

- 이경임, 「담쟁이」 중에서

담쟁이는 손끝으로 점자를 읽어나가는 시각장애인처럼 지문이 닳도록 아프게 기어오른다(책을 잃는다). 한번에 다 읽지 못하고 지난해 읽다 만 곳이 어디였더라, 매번 초심으로 돌아간다(나혜경, 「담쟁이 넝쿨의 독법」).

세상을 등지고 읽기에 집중하는 동안 / 내가 그랬듯이 등 뒤 세상은 점점 멀어져 / 올려다 보기에도 아찔한 거리다

- 나혜경, 「담쟁이 넝쿨의 독법」 중에서

세상을 등지고 시 쓰는 일에 몰두하다 보면 현실감각이 없어진다. 시인들은 세상을 아름답게 본다. 시인들은 항상 공정, 정의, 민주, 평화, 약자를 위한다는 좋은 말을 하는 정치꾼 선동가들에게 이용당하기 쉽다. 어떤 시인들은 검수완박(검찰 수사권 완전 박탈)을 외치는 범죄자들의 편에 서서 범죄자들에게 안식과 평화를 주는 데 기여하기도 한다. 현실감각이 없다 보니 입으로는 아름다움을 노래하면서 세상을 추악한 곳으로 만든다. 시인이 되려면 가슴만 있고 머리가 없는, 머리가 깨진 시인이 되어서는 안 된다.

인간은 갈대 같은 존재

**인간은 갈대 같은
존재**

갈대의 순정

파스칼은 인간은 자연에서 가장 연약한 갈대와 같은 존재이지만 '생각하는 갈대'라고 하였다. 인간은 이성적으로 사고할 수 있는 능력이 있기 때문에 자신을 성찰할 수 있고 자신의 욕구를 조절하면서 사회와 문명을 이루고 만물의 영장으로 살아 왔다. 만약 인간이 '생각하는 갈대'가 아니라 '생각하는 맹수'였다면 세상은 잔혹한 곳이 되어 어떤 존재도 살아남기 힘들었을 것이다. 인간은 미풍에도 흔들리는 갈대와 같이 쉽게 흔들린다. 인간이 쉽게 흔들리는 이유는 여러 가지 생각을 많이 해야 되기 때문이다. 인간은 자유의지에 의해 자신의 행동과 삶의 방식을 스스로 결정해 나가는 존재인데 나를 둘러싼 외부 조건은 항상 달라지고 감정 역시 변하기 때문에 인간은 본질적으로 흔들리는 존재일 수밖에 없다.

산다는 것은 갈대처럼 젖은 땅에 뿌리를 내리고 폭풍우에 흔들리며 서 있는 것이다. 살아남기 위해서는 뿌리를 깊게 내리고 몸을 쉽게 구부릴 수 있어야 한다.

힘을 주면 부러지기 쉽고

너무 힘을 빼면

영영 쓰러져 버린다

광막한 도회지의 한복판에서

다만 흔들리고 있을 뿐인

늪 속에 발목을 묻은

사람들이여

- 나호열, 「갈대」 중에서

살기 위해 때로는 눈치 빠르게 바람보다 빨리 눕고 바람보다 빨리 일어나고 바람보다 먼저 울고 먼저 웃어야 한다(김수영, 「풀」). 험난한 세상을 살아가야 하는 인간은 흔들리는 존재일 수밖에 없다. 대부분의 사람들은 사랑에 약하고 눈물에 약하고 돈에 흔들리면서 살아간다. "바람에 흔들리는 갈대의 순정(박일남)"이라는 모순되는 듯한 노래 가사는 갈대가 바람에 흔들리는 것이 변절이 아니라 순정이라고 한다. 인간은 갈대처럼 흔들리는 존재다. 사랑 역시 운명과 함께 변한다. 다만 "사랑이 운명을 이끄느냐, 운명이 사랑을 이끄느냐 하는 것이 문제이다(셰익스피어, 「햄릿」)." 사랑으로 운명을 이끌 수 있는 강한 힘을 가진 초인적 존재는 많지 않다. 그러기 때문에 나약한 대부분의 인간은 부러지지 않기 위해 흔들리고 구부리면서 살아간다. 인간이 본질적으로 유약하고 흔들리는 존재라는 사실을 인정할 때 우리는 많은 것을 이해할 수 있고 관용할 수 있으며 성숙해질 수 있다.

갈대의 노래, 춤, 울음, 이야기

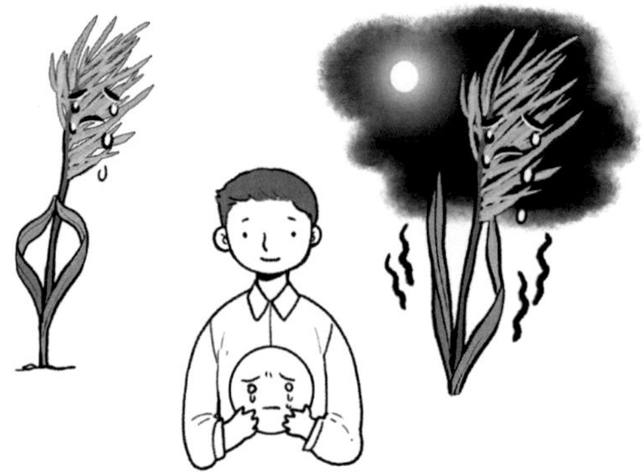

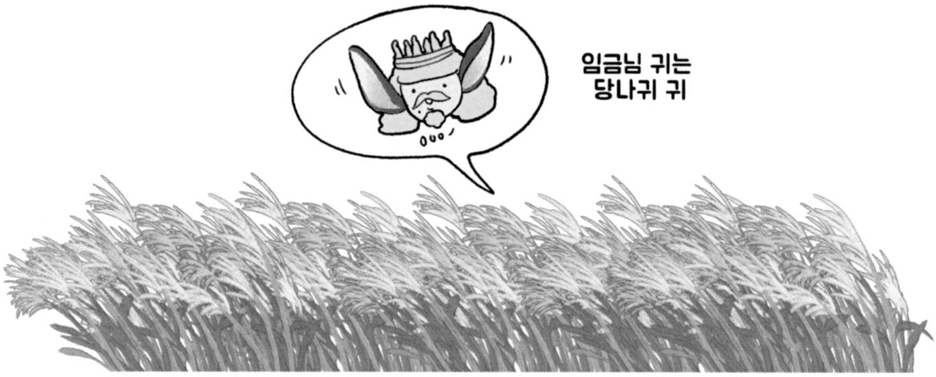

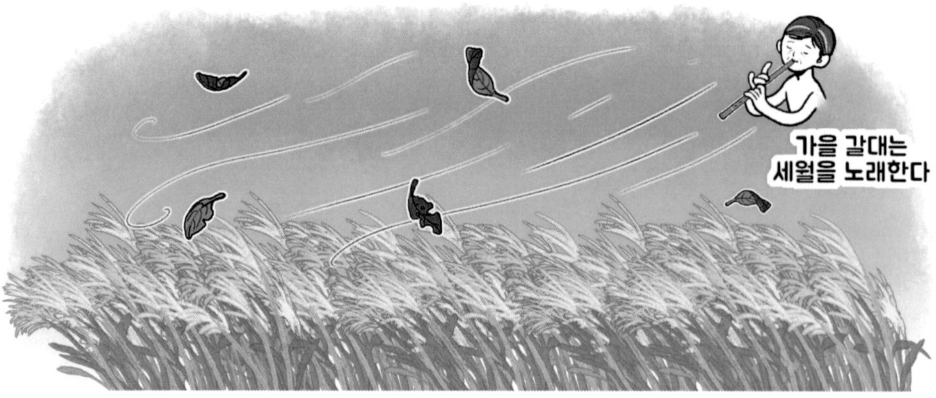

인간은 젖은 땅에 뿌리를 내리고 비를 맞고 바람에 흔들리며 살아가는 갈대와 같은 존재이다. 갈대는 피리를 불고 허스키한 목소리로 세월의 노래를 부르고 바람에 춤을 춘다. 또 외롭고 슬플 때는 달빛 아래서 눈물에 젖고 불어오는 바람 속에서 울기도 한다. 갈대가 흔들리는 것은 순전히 바람 때문이다. 그러나 시인은 바람에 흔들리는 갈대의 모습을 다르게 생각한다. 갈대가 흔들리는 것은 바람 때문이 아니라 내면의 슬픔을 표현하는 것, 조용한 흐느낌이다.

갈대는 그의 온몸이 흔들리고 있는 것을 알았다
바람도 달빛도 아닌 것,
갈대는 저를 흔드는 것이 제 조용한 울음인 것을
까맣게 몰랐다
-산다는 것은 속으로 이렇게 / 조용히 울고 있는 것이란 것을
그는 몰랐다
- 신경림, 「갈대」 중에서

갈대는 흐르는 강물과 함께 젊은 날의 사랑을 이야기하고 늙어가는 이야기를 한다. "왕의 귀는 당나귀 귀"라는 등의 비밀 이야기도 수군댄다. 가을이 되면 갈대는 맑은 햇살에 바람으로 몸을 말리고 속을 비운다. 갈대는 인간에게 젖은 몸을 말리고 몸을 가볍게 하라고 이야기한다.

푸른 날을 세우고 가슴 설레던
고뇌와 욕정과 분노에 떨던
젊은 날의 속된 꿈을 말린다
비로소 철이 들어 선문(禪門)에 들 듯
젖은 몸을 말리고 속을 비운다
…
홀가분한 존재의 탈속을 위해
- 임영조, 「갈대는 배후가 없다」 중에서

갈대는 눅눅한 습지에 뿌리를 박고 비바람에 시달리면서도 피리를 불고 노래를 하고 춤을 춘다. 사람도 갈대처럼 비바람 맞고 희로애락을 겪으며 한숨과 눈물, 노래와 춤, 이야기로 살아간다. 그러다가 나이 들어 철이 들면 욕망, 분노, 어리석음, 성급함, 걱정을 버린다. 가을 갈대는 햇볕에 말리고 속을 비워서 가벼워진다. 사람은 왜 아무것도 없는 곳으로 가기 위해 많은 짐을 지고 고생하고 있는가? 가을 갈대는 꿈도 많고 죄도 많았던 청춘을 뒤로하고 홀가분한 마음으로 세월을 노래하며 새로운 출발을 준비하라고 한다.

제3장

자연
nature

생명순환의 현장

강물은 흘러흘러
어디로 가는가?

강물은 끊임없이 흘러가지만 없어지지 않는다.
세상만물이 이와 같으니 인생의 짧음을 한탄할 필요가 없다

산골 물은 계곡을 지나 상을 이루어 흘러 흘러 바다로 간다. 그중 일부는 바다로 가는 도중에, 또는 바다에서 증발되어 하늘로 가고 비가 되어 내린다.

> 강물은 흘러 흘러 어디 가는가
> 지평선 넘어 수평선으로, 수평선 넘어 하늘 끝으로
> 강물은 또 그렇게 흘러가는가
> 길섶에 내리는 실비같이, 눈썹에 내리는 이슬같이
> 목숨은 또 그렇게 흘러가는가
> - 오세영, 「강물은 또 그렇게」 중에서

강물은 끝없이 순환한다. 인생도 강물처럼 끝없이 흘러가고, 살아 움직이며 막힘없이 유유히 흐른다. 강물은 처음 태어난 산골에서 계곡을 지나 바다로 흘러가고 하늘로 올라가 비가 되어 내린다. 모든 것은 물처럼 끊임없이 순환하는 것이다.

강물은 한번 흘러가면 다시 오지 못한다. 그러나 그 물이 다 흘러가버린 적은 한번도 없다. 천지는 한순간도 가만히 있지 않고 변하지만 그 변화는 현상에 불과할 뿐 본질은 그대로다. 그러니 흐르는 강물을 바라보며 먼저 세상을 떠난 사람을 보내지 못하고 슬퍼하거나 인생의 짧음을 한탄하거나 우울해할 필요가 없다.

> 변하는 자가 볼 때는 천지는 한순간도 가만히 있지 못하고, 변하지 않는 자가 볼 때는 물(物)과 내가 모두 다함이 없다.
> 그러므로 우리는 장강의 무궁함을 부러워할 필요가 없다.
> - 소동파, 「적벽부」 중에서

조조의 백만 대군이 제갈공명, 주유에게 패한 싸움터인 적벽이 있는 강 위에 두 사람이 배를 띄워 놓고 적벽을 바라보며 대화를 나눈다. 그들은 일세의 영웅들이 자취도 없이 역사 속으로 사라진 것과 인간이 하루살이같이 짧은 생명을 가진 존재, 망망대해에 떠 있는 좁쌀(창해일속, 滄海一粟) 같은 미미한 존재임을 슬퍼하면서 장강의 무궁함을 부러워한다. 강물은 한번 흘러가면 다시 오지 못하지만 그 물이 다 흘러가버린 적은 없으며 물은 끊임없이 순환하고 강은 계속 흐른다. 도(道)의 경지에서 보면 천지는 조물주가 지은 물건이 끝없이 나오는 창고이고 모든 것은 무한한 생명에 근거하여 다함이 없는 것이고 결코 덧없는 존재가 아니다. 깨달음을 얻은 후 두 사람은 모든 시름을 잊고 강 위의 청풍과 명월을 즐기며 동이 틀 때까지 술을 마시고 놀았다. 적벽부는 이러한 감회를 적은 문장이다.

비가 와도 강은 젖지 않는다, 강에 가서 말하라

• 비가 와도 강은 젖지 않는다

비를 맞으며 걸어갈 때 젖은 자는 다시 젖지 않는다. 역경과 곤궁으로 시련을 겪은 사람은 단련이 되고 시련을 겪은 후 더 강해져서 더 높이 올라갈 수 있다. 비바람이 몰아쳐도 강물은 흔들리지 않고 유유히 흐른다. 시련으로 단련된 사람도 마찬가지다. 그는 흔들리지 않고 자기 길을 간다.

> 비가 와도 강은 젖지 않는다
> 비가 와도 젖은 자는 다시 젖지 않는다
> - 오규원, 「비가 와도 젖은 자는 젖지 않는다-순례」 중에서

> 눈물 흘리며 씨를 뿌리는 자는
> 기쁨으로 거두리로다
> - 성경 시편 중에서

• 강에 가서 말하라

강물은 인생처럼 끝없이 흘러간다. 강물은 물결이 부딪치며 바다로, 하늘로 흐른다. 모든 것을 안고 쉼 없이 도도히 흐르는 강은 우리에게 말한다. "거스르지 않고 순하게 흘러가라", "미련, 아쉬움, 집착을 모두 버리고 떠나라."

강은 깨달음을 주는 공간이다. 때로는 위로의 말보다 침묵으로 자연에서 직접 배우고 느끼는 것이 나을 때가 있다. 이 때문에 시인은 인생의 어깃장, 저미는 애간장, 빠개질 듯한 머리, 치사함, 웃겼고 웃기고 웃긴 몰골에 대해 직접 강에 가서 말하라고 한다.

> 당신이 얼마나 외로운지, 얼마나 괴로운지
> 미칠 것 같은지, 미쳐지지 않는지
> 나한테 토로하지 말라
> …
> 차라리 강에 가서 말하라
> - 황인숙, 「강」 중에서

바다에 이르는 강

산골짝에서 나와
바다에 이르는 강

노을에 물든
가을 강

강은 왜
휘돌아 가는가?

강은 산골짝에서 나와 높고 낮은 가락으로 노래하며 굽이쳐 흐른다. 강이 왜 굽이쳐 흐르는가에 대해 시인의 생각은 특이하다.

> 강이 굽이 굽이 휘돌아가는 이유는
> 굽은 곳에 생명이 깃들기 때문이다.
> - 우대식, 「강이 휘돌아가는 이유」 중에서

풍수지리에서는 땅의 기운, 물의 기운은 S자처럼 휘어져 내려오는 곳에 모인다고 한다. 직선으로 된 강은 죽은 용(龍)처럼 생명력이 없고 모양도 없다. 물은 굽이 굽이 돌면서 흘러가야 윗물과 아랫물이 잘 섞이고 산소 함유량도 풍부해진다. 풍수에서 강은 용이고 용은 수운(水運)을 상징한다. 풍수 이론에서는 용이 꿈틀대는 것 같은 강이 재물을 가져다주고 산태극, 물태극을 형성하여 인재를 배출한다고 한다. 이 때문에 옛 사람들은 굽은 곳에 생명이 깃든다고 했다.

머나먼 길을 흐르다가 마침내 고요한 바다에 이르는 강은 인생과 같다. 강물은 흐를수록 깊어지고 고요해진다. 인생은 울부짖음에서 시작되어 울고 웃고 노래하고 사랑하며 살아가다가 결국 통곡과 침묵으로 끝난다.

강에 노을이 질 때는 붉게 물들어 아름답고 한편으로는 서럽다. 노을에 물든 가을 강은 제사에 참석한 시인에게 황혼녘의 인생을 떠올리게 하는, 울음이 타는 강이다(박재삼, 「울음이 타는 가을 강」).

> 그 기쁜 첫사랑 산골 물소리 사라지고
> 그 다음 사랑 끝에 생긴 울음까지 녹아나고
> 이제는 미칠 일 하나로 바다에 다 와 가는
> 소리 죽은 가을 강을 처음 보것네
> - 박재삼, 「울음이 타는 가을 강」 중에서

강물은 바다에 이르러 소리를 죽이고 모든 것을 비우고 소멸한다. 바다는 모든 이별이 손을 잡고 생명의 합창이 이루어지는 장소다(우미자, 「겨울 강가에서」). 그러나 소멸은 생성을 의미한다. 강물은 바다에서 소멸하지 않고 대기로 순환하여 대지에 떨어져 계속 흐른다. 천지만물은 한순간도 가만히 있지 않고 항상 변하고 끊임없이 순환한다. 그러니 인생의 짧음을 한탄하거나 우울해할 필요가 없다.

바다에 가는 이유

바다에 가는 이유

땅끝은 바다의 시작이다

일상에 지친 사람들은 탁 트인 수평선과 하늘을 나는 갈매기를 보며 답답한 마음을 달래고 푸른 파도와 바닷바람에 시름을 씻어내기 위해 바다에 간다. 낚시꾼은 짜릿한 손맛을 느끼기 위해, 어부는 삶을 건져올리기 위해 바다에 간다. 철학자는 무언가를 찾고 깨달음을 얻기 위해 바다에 가고 시인은 버리기 위해서 바다에 간다.

누구를 만나러 온 것이 아니다
모두 버리러 왔다
…
내 나이와 이름을 버리고
나도
물처럼
떠 있고 싶어서 왔다
- 이생진, 「바다에 오는 이유」 중에서

바다는 모든 물을 받아들이고 쏟아낸다. 모든 파도는 바다에서 잠들고 바다가 된다. 이런 바다를 보는 사람은 바다를 닮는다. 바다에서는 넉넉한 마음을 배울 수 있다. 바다는 사람을 너그럽고 지혜롭게 한다. 또 모진 세파를 견디며 의연하게 있는 바다의 모습은 뒷걸음질칠 수밖에 없는 절망적 상황에서도 사람들에게 힘과 역경을 이겨낼 수 있는 희망을 준다.

살면서 몇 번은 땅 끝에 서게도 되지
파도가 끊임없이 땅을 먹어 들어오는 막바지에서
이렇게 뒷걸음질 치면서 말이야
…
그런데 이상하기도 하지
위태로움 속에 아름다움이 스며 있다는 것이
땅 끝은 늘 젖어 있다는 것이
- 나희덕, 「땅 끝」 중에서

끝이라고 생각했던 땅 끝은 바다의 시작이다. 절망과 소멸이라고 생각했던 곳이 희망과 생성의 시작이고 위태로운 곳이 아름다운 곳이 될 수도 있다. 시인은 그걸 보려고 가끔씩 바다를 찾는다. 절망을 건디고 희망을 배우기 위해서이다.

파도

파도는 시에서 늙지 않는 바다의 청춘, 신념의 투쟁(한하운, 「해변에서 부르는 파도의 노래」), 제 머리 들이받고 거품을 내뱉으며 사상과 이념을 논하다가 바다를 긍정하고 바다가 되는 존재, 머리를 들이받고 순교하는 신앙을 가진 존재(임명자, 「파도」), 일고 일다 부서진 하얀 그리움(최영희, 「파도」), 도도한 목숨이 추는 어지러운 춤(유안진, 「파도를 보며」), 쓰러지기 위해 일어서는, 일어서기 위해 쓰러지는 현란한 반전(이명수, 「파도」), 누구의 채찍이 무서워 무작정 돌진해서 산산이 부서지며 개거품을 물고 까무러쳤다 다시 독을 품고 달려들다가 시퍼렇게 가슴에 멍만 들어 뱃전에 머리를 박고 두 발을 구르며 떼쓰다가 눈물도 못 흘린 채 쓰러져버리는 존재(목필균, 「파도」), 울고 싶어도 못 우는 사람들을 대신해서 울어주고, 사랑의 기억들과 행복한 순간들을 푸르게 노래해주는 존재(이해인, 「파도의 삶」) 등으로 표현되고 있다.

파도는 무서움과 추위로 옴츠려 있을 때 숨 가쁘게 달려와 언 손 마주 잡고 일어나 어깨춤 추고 무너진 모래톱 보듬고 노래 부르자고 한다. 차가운 정신으로 새벽길 떠나자고 보챈다(송태한, 「파도」). 암초와 격랑을 만나 아름다운 물보라를 만들어내고 쓰러졌다가도 계속 다시 일어나 바위를 때리고 거품이 되어 소멸하는 파도는 인간에게 슬프고 힘들 때도 항상 깨어 있으라고 하고 삶의 의지를 불태우게 한다.

바라건대 나는
그 어느 절정에서
까물치듯 죽어져라 죽어지기를…
- 유안진, 「파도를 보며」 중에서

사람들은 왜 산을 찾는가?

사람들은 왜
산을 찾는가?

산은 봄에 따스한 온기로 산을 찾는 생명체를 포근히 감싸주고 여름에는 시원한 계곡물과 바람으로 더위를 식혀준다. 가을에는 울긋불긋 곱게 물든 단풍으로 아름답게 장식하고 밤, 도토리 등 먹을 것을 제공하고 겨울에는 땔감으로 따뜻하게 해준다. 세상에서 상처받은 사람들은 산에서 위로를 받아 자연인으로 건강하게 살아간다. 산은 고요하고 너그럽게 품어주고 탁 트인 시야, 상쾌한 공기를 제공하기 때문에 사람들은 마음이 답답하거나 외로울 때 산을 찾고 죽어서도 산의 품에 안긴다.

그리운 얼굴 다시 찾을 수 없어도
화사한 그의 꽃
산에 언덕에 피어날 지어이
- 신동엽, 「산에 언덕에」 중에서

산을 좋아하는 사람들은 시원한 바람, 들꽃의 미소, 새소리, 계곡물 소리, 벌레 소리에서 환희와 즐거움을 맛보기 때문에 산을 찾는다.

눈에는 초록빛 가득하고
코에는 풀향기 넘치어
막혔던 가슴 뚫어지니
이곳이 선경이로구나
- 박태강, 「등산」 중에서

어떤 사람들은 세상을 멀리하기 위해, 사람들과 멀어지고 신(神)과 가까이 하기 위해, 흙으로 돌아갈 연습을 하기 위해 산을 찾는다. 산은 인간에게 많은 것을 가르쳐주고 산은 고요한 얼굴로 구도자를 부른다.

내 마음
주름살 잡힌 늙은 산의
명상하는 얼굴을 사랑하노니,
오늘은 잊고 살던 산을 찾아 먼 길을 떠나네
- 신석정, 「산으로 가는 마음」 중에서

산은 세상 사는 이치를 가르쳐준다

우람한 산 앞에서 인간은 한없이 작은 존재이고 끝없이 넓은 하늘 아래 산속에 들어가면 인간은 한없이 작아진다.

세상의 비교우위는 도토리 키재기에 불과하니 산은 우리에게 겸손하라고 한다. 오르막길은 자신감으로 들뜨지 말고 숨을 고르며 가라고 하고, 능선에서 시원한 바람을 쐬고 쉬고 계획도 하면서 가라고 한다. 굽이굽이 오르막길은 정상에 오르는 일에만 신경 쓰지 말고 아름다운 것을 보고 느끼며 가라고 한다. 능선을 지나 한 봉우리에 올라가면 그것은 수많은 봉우리 중의 하나뿐이라는 사실을 알게 되고 정상에 오르면 세상을 굽어보는 것이 아니라 다른 높은 산들이 있다는 것(인생은 고난과 시련의 연속이라는 것)을 알게 된다. 정상에서는 센 바람을 만나게 되고 산꼭대기에 오래 머물 수 없고 반드시 내려가야 한다는 것을 알게 된다. 그리고 하산길에는 고개를 숙이고 허리를 낮추고 내려가야 안전하다는 것을 알게 된다.

산 정상, 벼랑에 핀 꽃은 세상 모든 것은 가까이할 수 있을 뿐 내 것이 아니라는 깨달음을 준다. 산에 오르려는 사람은 바닥부터 올라가야 하고 천천히 긴 호흡으로 가야 한다. 산봉우리를 보려면 봉우리 위에서는 볼 수 없고 떨어져서 다른 곳에서 보아야 한다.

산은 세상 사는 이치를 가르쳐준다. 산은 나무를 기르는 법으로 사람을 가르치고 벼랑을 오르지 못하는 법으로 사람을 다스린다(김광섭, 「산」). 산이 높고 크면 계곡도 깊다. 산은 기쁨과 행복이 크면 슬픔과 괴로움도 크다는 것을 알려준다.

아직도 많이 설익은 나의 인생살이를
산은 말없이 가르쳐 주지
높음과 깊음은 하나로 통한다는 것
깊숙이 내려앉기 위해
가파르게 오르는 아름다운 삶의 길을
- 정연복, 「산을 오르며」 중에서

산길 걷기, 고개

산길을 걸으면
마음이 푸르게 된다

고개 너머 또 고개
노래하며 넘자

• 산길 걷기

산길을 걸으면 풀과 나무가 끄덕이며 인사하고 바위와 구름이 얘기를 하고 산새 소리, 산골 물 소리, 바람 소리가 마음을 시원하게 해준다. 뻐꾹새 소리를 들으며 걷는 봄의 산길은 꿈길과 같고 낙엽 소리, 도토리 떨어지는 소리 들으며 걷는 가을 산길은 마음을 숙연하게 한다. 초록의 산길 을 걸으면 피톤치드(phytoncide)에 의해 몸에 생기가 돌고 마음도 맑아진다.

청빛 바람 그득한 흙길을 걸으면
생각의 앞사귀들이 파파파 넓어진다
그림자가 가벼워지는 시간
영혼에 풀물이 스미는 시간

- 문현미, 「산길」중에서

• 고개

산이 많은 우리나라는 어디를 가든 산을 넘어야 했다. 산길을 넘어가면 넓은 세상이 나오는 것 이 아니라 또 다른 산이 나온다. 고개가 많은 산길은 굴곡 많은 우리의 인생길이고 미지의 세계 로 가는 길로서 기대와 두려움이 교차하는 공간이다. 산길은 앞산 길 첩첩, 뒷산 길 첩첩, 고개 너머 또 고개, 한 주인 벗어나면 또 다른 주인, 못 살겠다 못 참겠다 울면서도 너도 넘고 나도 넘 어야 하는 인생길이다.

눈물 어린 인생고개 허덕이며 넘고 또 넘으려면 노래라도 불러야 한다. 우리 민족은 노래로 고 단함을 달래며 인생길을 넘어왔다.

짜증은 내어서 무엇 하나, 성화는 내어서 무엇 하나
속상한 일 하도 많으니 놀기도 하면서 살아가세

- 경기 민요「태평가」중에서

산길에서 배우는 인생

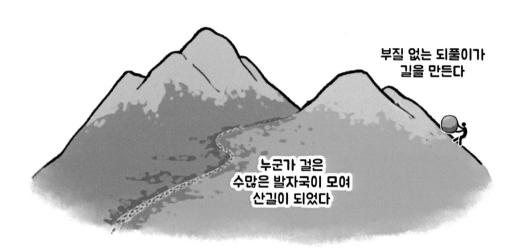

부질 없는 되풀이가
길을 만든다

누군가 걸은
수많은 발자국이 모여
산길이 되었다

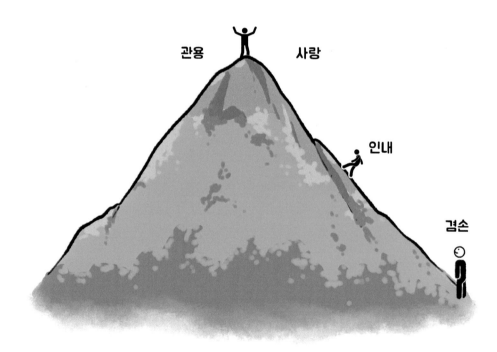

관용   사랑

인내

겸손

산길은 누군가 산을 걸었기 때문에 길이 되었다. 끝없이 이어지는 발길은 부질없는 되풀이처럼 보여도 그 발걸음들이 쌓이고 쌓여 길을 만든다. 산길을 밟고 지나간 그 많은 발걸음들이 무엇 하나씩은 다져 놓고 사라진다는 것을 시인은 산길에서 배웠다.

그것이 부질없는 되풀이라 하더라도

그 부질없음이 쌓이고 쌓여져서 마침내 길을 만들고

길 따라 그이들을 따라 오르는 일

이리 힘들고 어려워도

왜 내가 지금 주저앉아서는 안 되는지를 나는 안다

- 이성부, 「산길에서」 중에서

사람들은 아침 일찍 일어나 출근하고 일하고 퇴근하고 밥 먹고 잠자고 또 출근하는 일을 되풀이하면서도 이 반복되는 일상 덕택에 살아간다. 우리는 단순해 보이는 반복 속에서도 오늘보다 나은 내일을 꿈꾸기 때문에 고된 현실 속에서도 지루한 일상에 질리지 않는 법을 배우고 삶의 보람을 느끼며 행복하게 살아갈 수 있다.

사람들은 산길을 오르면서 인생을 배운다. 산 아래에서는 겸손을 배우고 산 중턱에서는 인내를 배우고 정상에 이르러서는 사랑과 용서를 배운다. 산은 고요히 모든 것을 품어준다. 산을 좋아하는 사람은 산을 닮아 간다.

새삼 생각하노니 삶이란

기다림에 속고 울면서

조금씩 산을 닮아가는 것

- 이재무, 「북한산에 올라」 중에서

길은 삶의 발자국이다

길에 있는
발자국 마다
사연과 눈물이 있다

어떤 길을 갈 것인가?

내가 거쳐온 모든 길이
나를 이루고 있다

길은 누군가 걸었기 때문에 길이 되었고 많은 사람들이 그 위를 걸었기 때문에 다져지고 큰 길이 되었다. 길은 누구의 것도 될 수 있고 누구의 것이라고 말할 수도 없다. 사람이 지나간 길 위에는 수많은 발자국이 있고 발자국마다 사연과 눈물이 있다. 인생은 길을 가는 것이다. 내가 거쳐 온 모든 길은 나를 이루고 있다. 인생길을 올바르게 가기 위해서 사람은 먼저 자기 자신을 알아야 한다. 사람들은 먹고 사는 데 급급해서 자신을 잃어버린 채 쫓기며 산다. 대부분의 사람들은 자신을 잃어버렸다는 사실도 모른 채 자신이 어디서 오는지, 어디로 가는지 대답할 수 없는 채로 살아간다.

잃어버렸습니다.

무얼 어디다 잃었는지 몰라

두 손이 주머니를 더듬어

길에 나아갑니다.

…

풀 한포기 없는

이 길을 걷는 것은

담 저쪽에 내가

남아 있는 까닭이요

내가 사는 것은, 다만

잃은 것을 찾는 까닭입니다.

- 윤동주, 「길」 중에서

인생길을 바르게 가기 위해서는 나의 개성, 취향을 알아야 하고 나의 욕구와 성향에 잘 맞는 소명을 발견하고 목적의식을 가지고 살아가야 한다. 사람들이 추구하는 쾌락, 돈, 권력 같은 것은 대부분 인생의 가짜 목적이다. 높은 목적의식, 소명의식이 없는 삶은 운명에 휘둘리게 되고 타인의 욕망을 욕망하다가 인생의 방향성을 잃게 되어 자유로운 삶을 살 수 없게 된다. 먼저 자신을 알고 자신이 가야 할 길을 찾아 소명의식을 가지고 자신의 길을 가는 인생이 아름답다.

길이 하는 말

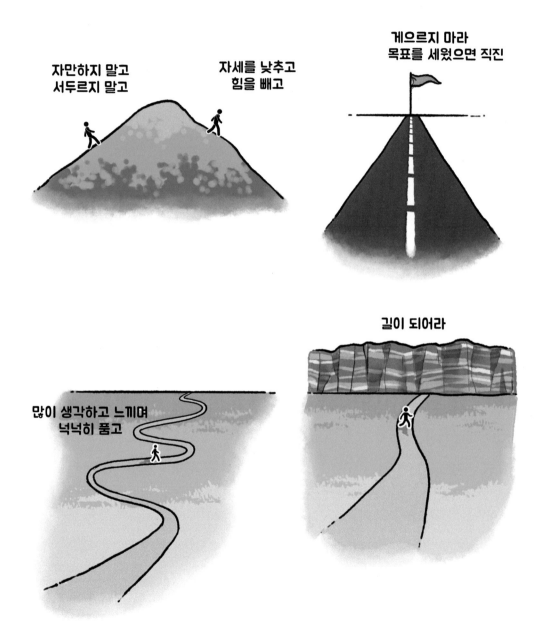

자만하지 말고
서두르지 말고

자세를 낮추고
힘을 빼고

게으르지 마라
목표를 세웠으면 직진

길이 되어라

많이 생각하고 느끼며
넉넉히 품고

모든 길은 세계로 통한다. 사람, 상품, 문화, 종교, 군대 등 모든 것이 길을 통해 들어온다. 길은 인간의 삶에 질서를 부여한다(물고기, 새, 동물에게는 도로가 없고 자연의 길이 있다). 길은 희망을 찾아 떠나라고 손짓하고 구부러진 곳을 돌아 언덕을 넘고 강을 건너 새로운 길을 가보라고 부른다.

길은 사람들에게 세상 사는 이치를 가르쳐준다. 길은 평탄하지 않다. 어떤 곳은 벼랑이 막아서고 어떤 곳은 강물이 갈라 놓았다. 이 모든 난관을 넘어서 가든지, 돌아서 가든지, 포기하고 돌아가든지 하라고 한다. 길을 떠나면 다른 세상 사람들이 어떻게 사는지를 알게 되고 자신을 돌아보게 된다. 오르막길은 자만하지 말고 서두르지 말라고 하고, 내리막길은 자세를 낮추고 힘을 빼고 가볍게 가라고 한다. 평탄한 길은 게으르지 말라고 하고, 직선도로는 목표를 가지고 열심히 가라고 하고, 구부러진 길은 생각하고 느끼며 많은 것을 넉넉하게 품고 가라고 한다. 물길은 높은 데서 낮은 데로, 더 낮은 데로 가라고(겸손하라고) 하고 막혀 있는 길은 나에게 길이 되라고 가르친다.

길은 어디서나 열리고
사람은 또 스스로 길이다
- 고재종, 「들길에서 마을로」 중에서

길이 끝나는 곳에서도 길이 있다
… 길이 되는 사람이 있다
- 정호승, 「봄길」 중에서

멀고도 어둡고 험한 길은 동반자와 함께 노래를 부르며 발걸음을 가볍게 하라고 한다.

구부러진 길

현대 산업문명의 도로

구부러진 시골길

산업문명은 시간을 단축시키고 효율성을 높이기 위해 직선의 고속도로를 만들었다. 직선도로는 목표를 가지고 질주하는 길이다. 우리는 바쁘게 돌아가는 일상 속에서 궁극의 목적을 잊고 더 많은 것을 소유하고 성취하기 위해 또는 명소와 맛집을 찾아가기 위해 직선도로를 달린다.

현대문명은 속도를 추구하기 때문에 현대인들은 느긋하게 관조하며 산보를 즐기고 명상할 여유가 없다. 목표와 속도를 추구하는 사람은 여유롭게 여행을 즐기지 못하고 봐야 할 것을 정해서 빨리빨리 보고 사진을 찍고 여행도 마치 일하듯이 한다. 구부러진 시골길은 인간적인 따스함이 있고, 보고 싶고 느끼고 싶은 것들로 가득하다. 구부러진 시골길에서는 이름 모를 풀꽃들이 나를 반겨주고 길옆에는 한낮에도 별이 총총한 시냇물의 노랫가락이 있다. 시골길에서는 새들의 노랫소리가 위안이 되고 얼굴을 스치는 산들바람이 마음을 행복하게 해준다. 시인은 구부러진 길을 좋아한다. 구부러진 시골길은 직선도로보다 많은 것을 품고 있기 때문이다. 구부러진 길에는 나비의 밥그릇 같은 민들레가 있고 감자 심는 사람이 보이고 노랫가락이 있고 밥 먹으라고 부르는 어머니의 목소리가 들리고 들꽃도 많이 피고 별도 많이 든다. 시인은 구부러진 주름살에 굴곡 많은 삶을 살아가면서도 가족과 이웃을 품고 가는 구부러진 길 같은 사람을 좋아한다(이준관, 「나는 구부러진 길이 좋다」).

구부러진 길은
산을 품고 마을을 품고
구불 구불 간다
그 구부러진 길처럼 살아온 사람이
나는 또한 좋다
- 이준관, 「나는 구부러진 길이 좋다」 중에서

지평선(수평선)이 보이는 배경

사소한
배경

운명 같은
배경

불안한
수평선

우리가 세상을 바라보면 사물들은 항상 어떤 배경을 두고 드러난다. 그 배경은 그냥 해가 지고 구름이 떠 있고 바람이 부는 사소한 배경이다. 그러나 이 사소한 것들이 사실은 하루도 없으면 안 되는 매우 중요한 것들이며 위대한 것들이다. 우리는 가짜 가치에 홀려 진짜 중요한 것을 잊고 산다.

가장 큰 하늘은 언제나
그대 등 뒤에 있다
- 강은교, 「사랑법」 중에서

지평선이 보이는 하늘은 매일같이 보는 평범한 배경이다. 그것은 사소한 것 같지만 우리가 그 가치를 모르고 있었을 뿐 사실은 위대한 것이다. 부모님의 사랑이 그런 것이다.

지평선, 수평선은 가까이 갈수록 무한정 뒤로 물러난다. 그것은 우리의 능력과 이해의 범위를 벗어나 있다. 부모님의 사랑도 마찬가지다. 시인은 지평선처럼 크고 위대한 사랑을 베푸는 존재가 되고 싶다.

나는 오늘도 / 바람부는 들녘에 서서
사라지지 않는 / 너의 지평선이 되고 싶었다
- 정호승, 「너에게」 중에서

섬에 사는 사람들은 언제나 등 뒤에 수평선을 두고 있고 수평선은 항상 따라다닌다. 시에서 수평선은 떼려야 뗄 수 없는 숙명 같은 존재, 벗어날 수 없는 운명 같은 사랑을 나타내는 상징으로 쓰이기도 한다.

제주읍에서는 어디로 가나, 등 뒤에 수평선이 걸린다
… 나의 등 뒤에는 수평선이 / 한결같이 따라온다
아아 이 숙명, 운명같은 꿈을
- 박목월, 「등 뒤의 수평선」 중에서

언제 돌변하여 바닷가의 모든 것을 집어삼킬 수도 있는 수평선은 불안한 존재이기도 하다. 시에서 수평선은 칼을 숨긴 채 실눈 뜨고 납작 엎드려 잠든 자, 한순간 모든 걸 삼키는 존재, 바다의 입을 꿰맨 바느질 자국으로 표현되기도 한다(홍일표, 「나는 수평선이 불안하다」).

사람들은 왜 별을 바라보는가?

과거 사람들은 시간을 읽고 길을 찾기 위해 또는 신의 메시지를 해독하기 위해 별을 바라보았다. 밤하늘의 성좌는 신이 창조한 코스모스이며 그것은 정당하고 아름다운 질서였다. 우주의 일부로 태어나 조화로운 코스모스의 위계질서 안에서 주어진 본분을 다하다가 다시 우주의 일부로 돌아가야 하는 인간에게 별은 존중과 경이, 신비의 대상이었다. 옛날 사람들은 밤하늘을 바라보며 별이 된 그리스 영웅들의 이야기, 신화와 동화 속 이야기를 주고받았다. 별은 아주 멀리 있으며, 밤이 깊고 어두울수록 더 빛난다. 시에서 별은 멀리서 빛나는 그리운 사람이며 마음속에서 지울 수 없는 사랑이다. 별을 쳐다보면 수많은 인연들을 떠올리게 되고 그리운 사람들을 추억할 수 있다.

어머님 나는 별 하나에 아름다운 말 한 마디씩

불러 봅니다

…

이네들은 너무나 멀리 있습니다

별이 아스라이 멀 듯이

- 윤동주, 「별 헤는 밤」 중에서

우주 먼지는 별이 되거나 다른 사물이 된다. 아득히 먼 옛날 별을 이루고 있던 물질은 나의 일부가 되었다. 우리는 별에서 왔기 때문에 별을 그리워하는지도 모른다. 멀리서 반짝이는 별은 순수하고 고결한 존재로서 길을 비추어줄 뿐 아니라 적막할 때 마음을 비춰준다.

나도 별과 같은 사람이 될 수 있을까

외로워 쳐다보면

눈 마주쳐 마음 비쳐 주는

그런 사람이 될 수 있을까

- 이성선, 「사랑하는 별 하나」 중에서

별은 오래전부터 외로운 양치기, 사막의 여행자, 항해자의 길잡이, 친구가 되어주었다. 우리는 무언가가 그립고 외롭기 때문에 별을 쳐다보는 것이다.

별과의 만남은 우주적 인연이다, 인연의 무상함

저녁에

저렇게 많은 중에서
별 하나가 나를 내려다본다
이렇게 많은 사람 중에서
그 별 하나를 쳐다본다

밤이 깊을수록
별은 밝음 속에 사라지고
나는 어둠 속에 사라진다

이렇게 정다운
너 하나 나 하나는
어디서 무엇이 되어
다시 만나랴

-김광섭-

• 별과의 만남은 우주적 인연이다

저렇게 많은 별 중에서

별 하나가 나를 내려다본다

이렇게 많은 사람 중에서

그 별 하나를 쳐다본다

…

이렇게 정다운

너 하나 나 하나는

어디서 무엇이 되어

다시 만나랴

- 김광섭, 「저녁에」 중에서

지구에서 북극성까지의 거리가 450광년이라면 우리가 보고 있는 북극성은 450년 전의 별이다. 별과 나 사이에는 수백 년의 시간과 무한한 공간이 있다. 수천억 개의 별들 중 하나와 80억 인구 중 하나인 내가 만날 확률은 거의 제로(0)에 가깝다. 이렇게 본다면 별과 나의 만남은 우주적 인연이다. 사람 역시 같은 시대에 태어나 같은 곳에서 만날 가능성은 별과 나의 만남처럼 그 가능성이 매우 희박하다. 만날 가능성도 거의 없지만 만난다 하더라도 그 만남은 순간적이다. 인연은 옷깃을 스치는 바람처럼 순간적이며 헤어짐은 필수적이다. 정들자 이별, 정다운 너와 나의 만남도 언젠가는 반드시 끝이 있고 언제 또 만나게 될지, 영영 못 만나게 될지도 알 수 없다. 그러니 현재의 인연을 소중히 여기고 아름답게 기억될 수 있도록 최선을 다해야 한다.

• 인연의 무상함

세상 모든 것은 인연화합에 의해 생겨났다가 그것을 구성하고 있는 요소, 또는 원인이 사라질 때 소멸한다. 모든 것은 그 실체가 없고 인연에 따라 생멸하므로 영원하지 않고 무상(無常)하다. 무상(無常)은 없어지거나 이별하는 부정적 의미만 있는 것이 아니다. 무상은 변화를 의미하고 변하지 않는 세상은 활력이 없는 죽은 세상이 된다. 변화가 없다면 이 세상에는 아무런 희망도 재미도 없을 것이다. 무상한 현실을 인정하고 만남을 소중히 하고 떠나가는 것에 대한 집착을 버려라. 모든 것은 오래 머물지 않아서 아름답고 소중한 것이니 있을 때 최선을 다하라.

별은 왜 반짝이는가?

스스로 빛나는 별

태양빛에 반사되어
빛나는 별

소신공양   사리

별은 스스로 빛나거나 태양빛에 반사되어 빛이 난다. 별이 반짝이는 것은 지구와 너무 멀리 떨어져 있기 때문이다. 별빛은 지구를 통과하면서 지구의 대기불안정과 바람 등의 영향으로 우주 먼지, 가스 등에 의해 가로막혀서, 보였다가 안 보였다가 하기 때문에 반짝이는 것처럼 보인다.

그러나 시인은 별이 반짝이는 이유를 다르게 생각한다. 별이 반짝이는 이유는 아득한 세월, 우주를 떠돌던 외로움 때문이고 까마득한 거리에 있는 그대에게 닿고 싶었던 간절한 마음 한 줌이 있었기 때문이다. 그래서 소신공양을 하여 제 몸에 불을 질러 빛을 뿌리기 때문이고 제 몸 사르고 남은 외로움이 둥글고 환한 사리가 되었기 때문이고 그대에게 닿고 싶은 마음으로 세월 속에서 단단히 뭉쳤기 때문이다(주용일, 「별빛, 저 환한 눈물처럼」).

> 별빛 저 환한 눈물 한 점
> 별은 제 외로움 끝나는 날까지
> 제 몸 사르는 일 그만둘 수가 없다
> - 주용일, 「별빛, 저 환한 눈물처럼」 중에서

별이 반짝이는 이유는 어둠을 버리지 못하는 사랑이 어둠과 함께 머물기 때문이다(남정림, 「별」). 별은 외롭기 때문에, 누군가 그립기 때문에 멀리서 깜박깜박 신호를 보낸다(김인호, 「별빛」).

> 우리가 어느 별에서 헤어졌기에
> 이토록 밤마다 별빛으로 빛나는가
> - 정호승 「우리가 어느 별에서」 중에서

한편 반짝이는 별은 꿈, 이상, 동경을 나타낸다. 우리는 남들이 우러러보는 스타가 되고 싶어 한다. 그러나 인기는 거품이며 한철 개구리 울음, 매미 소리에 지나지 않는다. 반짝이는 스타는 우러러 보는 대상이 아니라 어둠을 비춰주는 존재가 되어야 한다.

별똥별

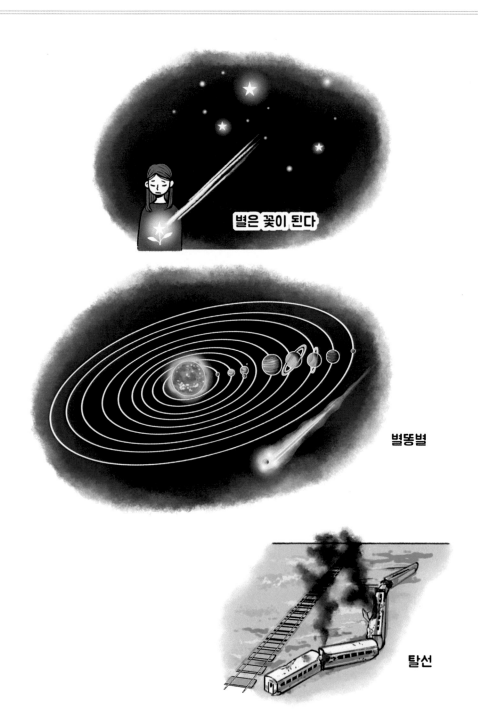

별은 꽃이 된다

별똥별

탈선

별똥별(유성)은 혜성이나 소행성의 부스러기가 우주공간에 남아 있다가 지구에 떨어질 때 대기와 마찰하면서 빛나는 것을 말한다.

그러나 시인은 다르게 생각한다. 별똥별은 내 마음속 밑줄 긋고 사라진 사랑 하나(최대희, 「별똥별」), 그대라는 이름으로 가슴에 콕 박히는 존재(안경애, 「별은 꽃이 되어」)로서 잠시 머물다 떠나간 야속한 사랑이다.

한편 별똥별은 궤도를 이탈하여 역사에 줄 한번 좌악 긋고 외로이 사라져 간 모험가, 개척자, 선구자를 나타내기도 한다. 시인은 궤도를 이탈하여 두 번 다시 궤도에 진입하지 못하고(고통이 따르고 외롭더라도) 자유롭고 창조적인 삶을 살아가고 싶다.

우리는 어디로 갔다가 어디서 돌아왔느냐.
자기의 꼬리를 물고 뱅뱅 돌았을 뿐이다.
…

궤도를 이탈하지 못하므로
가는 곳만 가고 아는 것만 알 뿐이다
…

집도 절도 죽도 밥도 다 떨어져 빈 몸으로 돌아왔을 때 나는 보았다
단 한번 궤도를 이탈함으로써 두 번 다시 궤도에
진입하지 못할지라도
캄캄한 하늘에 획을 긋는 별, 그 똥,
짧지만 그대로 획을 그을 수 있는,
포기한 자, 그래서 이탈한 자가 문득
자유롭다는 것을

- 김중식, 「이탈한 자가 문득」 중에서

별들과 행성들은 정해진 궤도를 따라 움직인다. 궤도를 이탈하면 별똥별이 되어 우주에서 사라져야 한다. 부모님들은 남들이 닦아 놓은 길, 안전하고 평탄한 길을 가라고 하신다. 그 길을 벗어나는 것은 도박이자 시간 낭비라는 것이다. 앞의 궤적을 따라가다 보면 안정된 삶을 살아갈 수 있을지는 모르겠지만 모험이 없는 삶, 타성과 인습에 젖은 삶을 살아가기 쉽다. 다른 사람들이 닦아 놓은 행로를 따라갈 것인가, 아니면 고통과 외로움이 따르더라도 나 자신의 궤적을 만드는 삶, 새로운 길을 여는 삶, 자유롭고 창조적인 삶을 선택할 것인가, 그것은 각자의 선택에 달려 있다.

달은 얼굴이다, 달은 차면 기운다

정다운 얼굴   싱처난 얼굴

월만즉휴 (月滿則虧)
달도 차면 기운다

화무십일홍 (花無十日紅)
열흘 붉은 꽃이 없다

기만즉일 (器滿則溢)
그릇이 차면 넘치게 된다

• 달은 얼굴이다

　사람들은 밝은 달에서 정다운 사람들의 미소를 본다. 그러나 빛이 희미하고 검은 자국이 있는 달에서는 상처 난 얼굴, 아른거리는 슬픔을 본다.

구멍 난 심장 속에 박혀든

찢기며 상처 난 삶의 얼굴들

희미한 달빛 한 줌으로 숨을 쉰다

…

사는 게 왜 그리도 버거운지

아픔은 달 덩어리처럼 차오른다

- 김춘경, 「달빛으로」 중에서

　토실토실, 포동포동한 보름달이 이지러지고 빛이 꺾일 때는 마음도 꺾인다.

무엇엔가 찔려본 사람들은 알 것입니다

달도 때로 빛이 꺾인다는 것을

…

꺾어지는 것은 무릎이 아니라 마음입니다

- 천양희, 「마음의 달」 중에서

• 달은 차면 기운다

　화무십일홍(花無十日紅, 열흘 붉은 꽃이 없다), 월만즉휴(月滿則虧, 달도 차면 기운다)라는 말은 "한번 성한 것은 얼마 못 가 쇠하고 태평성대, 부귀영화는 물론이고 고난과 시련도 오래가지 못한다. 그러니 성공했을 때 자만하지 말고 어려운 상황에서도 낙심하지 말고 성공을 위한 준비를 게을리하지 말라"는 가르침을 준다. 한편 기만즉일(器滿則溢, 그릇이 차면 넘치게 된다)은 "그릇이 차면 물이 넘쳐서 없어지는 것처럼 사람도 자만하기 시작하면 그때부터 잃게 되니 겸손하라"는 교훈을 준다.

달빛은 배려한다, 달빛은 흐른다

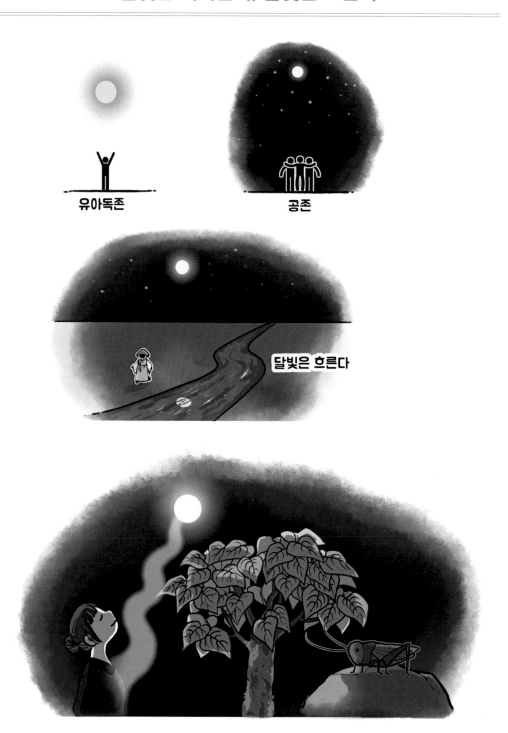

유아독존

공존

달빛은 흐른다

• 달빛은 배려한다

　달빛은 혼자 빛나지 않고 다른 별과 함께 은은하게 세상을 비춰준다. 달빛에는 배려가 있고 조화, 공존을 지향한다.

제 빛 하나로
모든 별을 다 가리우는 해 말고
작은 별들도 함께 어울려 빛나는
그런 달빛이고 싶습니다
- 김영천, 「달빛」 중에서

　해는 너무 밝게 빛나서 하늘에 있는 다른 행성들이 전혀 보이지 않게 만든다. 사람도 성공하면 혼자 빛나지 말고 다른 사람들에게 공을 돌리고 함께 빛나는 길을 택하는 것이 낫다. 그래야 성공이 오래 지속될 수 있다.

　달빛은 순하고 부드럽다. 그러나 때로는 밝은 빛을 뿌려 나그네의 갈 길을 비춰주기도 한다.

쉬지 말고 쉬지를 말고 / 달빛에 길을 물어
꿈에 어리는 꿈에 어리는 / 항구 찾아 가거라
- 조경환, 「대지의 항구」 중에서

• 달빛은 흐른다

　시에서 달빛은 흐르는 것으로 표현되는 경우가 많다. 달빛은 하늘에 흐르고, 물 위에도, 길 위에도 흐른다. 달빛은 물처럼 흐르기 때문에 들꽃 피어 있는 길을 적시고 마음도 적신다. 달빛이 흐르는 밤에는 사연이 젖고 노래도 젖고 달빛의 흐름 따라 그리움도 흐른다.

고요 속에서 귀뚜라미들이 울고 있었습니다
달빛에 젖은 그 소리 애잔했습니다
달빛은 어느 누구에게 은은한 그리움이 될까요
- 권달웅, 「달빛 아래 잠들다」 중에서

달빛은 무엇이든 구부려 만든다

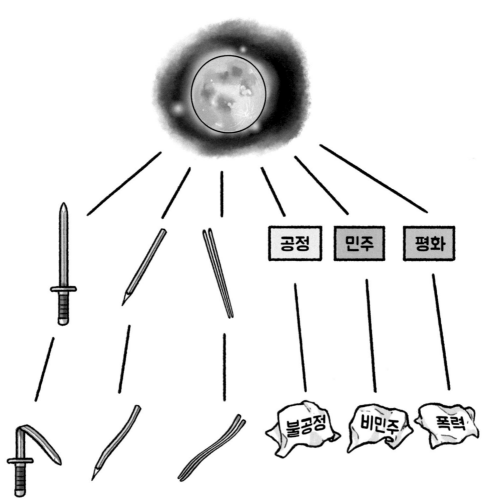

달빛은 무엇이든 구부려 만든다

물체는 조명을 받으면 실제보다 멋있게 보인다. '조명빨'로 인해 사람의 모습이 왜곡되어 보일 수 있기 때문이다. 달빛 역시 본질을 가리는 속성이 있다.

> 달빛은 무엇이든 구부려 만든다
>
> …
>
> 오랜 회유의 시간으로 달빛은 무엇이든 구부려 놓았다
>
> 말을 구부려 상징을 만들고
>
> 이 세계를 둥글게 완성시켜 놓았다
>
> …
>
> 달이 빛나는 순간 세계는 없어져 버린다
>
> 세계는 환한 달빛 속에 감추어져 있다
>
> - 송찬호, 「달빛은 무엇이든 구부려 만든다」 중에서

달은 둥글기 때문에 시인은 달빛은 무엇이든 둥글게 구부린다고 한다. 곧은 금속이 구부러져 반지가 되는 것처럼 강력함도 시간이 지나면 회유에 의해 타협하게 된다. 말을 구부리면 진실을 은폐하거나 왜곡한다. 이 때문에 언어가 만든 상징의 감옥은 이 세계를 더욱 낯설게 만들기도 한다.

언어는 사실을 은폐하거나 왜곡한다. 언어는 정보를 전달하고 의미를 더욱 명료하게 하지만 때로는 사실을 가리거나 왜곡할 수 있고 오해를 불러일으켜 갈등과 분쟁의 불씨가 되기도 한다. 현대인들은 돈과 권력에 집착하기 때문에 언어를 목적달성의 수단으로 사용한다. 사랑한다고 말하는 것은 상대를 구속하고 소유하기 위한 것이고 '민주'라는 수식어가 붙은 단체는 '비민주적', '폭력적'인 성향을 숨기고 있다. 약자를 위하겠다는 정치세력은 약자를 지지기반으로 하기 때문에 사회적 약자에게 약간의 보조금을 지급하면서 복지정책에 의존하게 만들어 자립 능력을 꺾음으로써 그들을 영원히 약자로 묶어 두려고 한다. 사악한 인성을 가진 사람들은 자신의 목적을 달성하기 위해 언어를 왜곡하고 주술처럼 사용하여 대중을 기만하고 선동함으로써 권력을 쟁취하고 유지해 나간다.

인생길은 사막이다

인생길은 사막이다

도시는 사막이다

사막에서는 바람이 모든 생명체의 발자국을 지워버린다. 사막에서는 발길 닿는 곳, 내가 걸어가는 곳이 길이다. 사막에는 길이 없기 때문에 스스로 길을 찾아야 하고 인생길도 마찬가지다.

사막은 영원의 길 고달픈 나그네 길
낙타 등에 꿈을 싣고 사막을 걸어가면
황혼의 지평선에 석양도 애달픈 길
- 김능인, 「사막의 한」 중에서

문명이 발달하면서 인간은 도시에서 살게 되었고 자연으로부터 멀어졌다. 도시에는 사람이 많지만 어떤 면에서는 황량하고 외로운 사막 같은 곳이기도 하다.

삭막한 도시에서 나의 등짐을 풀고 쉬어갈 오아시스는 어디에 있을까? 도시에서도 사막처럼 쉬어가는 오아시스가 있다. 냉온탕이 갖추어진 목욕탕, 수영장, 찜질방, 술집 등 여흥장소가 있고 '수고하고 짐 진 자'들을 부르는 종교시설이 있다. 그러나 문을 열고 나서면 또 다시 사막이 나타난다.

어디로 가야 하는가, 문을 열고 나가면
또 다른 사막이 신기루처럼 나타난다
- 정다혜, 「24시 사막」 중에서

인생은 사막처럼 길 없는 길을 가는 것이며 가다가 신기루를 보기도 하고 가끔씩 오아시스 같은 곳에서 쉬어가기도 한다. 사막은 일교차가 심하다. 인생도 사막을 걷는 것처럼 우여곡절을 많이 겪는다. 내가 가야 할 길은 어디인가? 인생에 정해진 길은 없다. 어쩔 수 없이 간 길이 꽃길이 될 수 있고 내가 좋아서 간 길이 죽는 길이 될 수도 있다. 길이 어떻게 이어질지, 언제 어디까지 펼쳐질지는 아무도 모른다. 자신의 성향, 재능을 파악하고 스스로의 길을 찾아 소명의식을 가지고 당당하게 자신의 길을 가라. 개성을 발전시키고 자기답게 살아라. 당신은 이 세상의 유일무이한 사람이다.

사막은 성찰의 공간이다

사막은 성찰의 공간이다

사막에는 별이 많다

사막에는 모래와 이글거리는 태양만 있을 뿐 자연환경이 단순하다. 일교차가 커서 낮에는 뜨겁고 밤에는 춥다. 건조한 환경 때문에 사막에는 별이 많다. 사막에서는 혹독한 환경을 이겨내기 위해서 엄격한 규율과 관습이 필요했고 무리에서 떨어지면 살아갈 수가 없다. 위와 같은 사막의 환경은 인간으로 하여금 많은 것을 성찰하게 한다.

사막에 와서 나는
처음으로 진정한 외로움이
무엇인지를 알았다
사막에 와서 나는
사람이 사람을 사랑해야 될 이유를
발견하게 되었다
- 김소엽, 「사막에서 10」 중에서

우거진 숲과 들, 산과 계곡, 샘, 시냇물, 기암괴석, 절벽, 동물, 식물 등 다양한 자연환경을 갖추고 있는 지역에서는 그리스의 12신 같은 다신교의 전통이 생겨났고 단순하고 혹독한 사막의 환경에서는 이집트의 태양신, 유대교의 야훼, 기독교의 하나님, 이슬람교의 알라와 같은 유일신 사상이 생겨났다. 낮에는 태양과 모래밖에 볼 수 없는 황량하고 외로운 사막, 밤에는 크고 빛나는 별이 무수히 쏟아지는 사막은 인간으로 하여금 하늘나라, 신, 인간, 외로움 등 많은 것을 생각하게 하는 성찰의 공간이다. 이 때문에 많은 사람들은 삶의 본질에 대해 해결하지 못한 의구심을 풀기 위해, 영감과 깨달음을 얻기 위해, 극한 상황을 목격하고 삶의 의지를 불태우기 위해 사막을 여행한다. 그리고 사막에서 거센 모래바람을 맞으며 열렬한 고독 속에서 자신과 대면해 본다.

사막은 삶의 의지를 불태우는 곳

사막에는 의외로
동물이 많다

선인장

용설란

10년에 한번
피는 용설란 꽃

회전초

극한상황에서 살아가는
사막식물들

이글거리는 태양, 더위, 물이 없는 건조한 환경, 밤의 추위 등 극단적 환경을 갖추고 있는 사막에서는 생명체가 살아 나가기 어렵다. 사막은 폐허와 죽음의 이미지를 갖고 있다.

거기는 한번 뜬 백일이 불사신같이 작열하고

일체가 모래 속에 사멸한 영겁의 허적에

오직 알라의 신만이

밤마다 고민하고 방황하는 열사의 끝

- 유치환, 「생명의 서」 중에서

위와 같은 극한 상황에도 불구하고 사막에는 의외로 많은 생명체가 살고 있다. 사막에 사는 동물로는 낙타, 사막여우, 고슴도치, 쥐, 달팽이, 개구리, 전갈, 뱀, 도마뱀 등이 있고 식물로는 선인장, 회전초(tumbleweed), 바위솔, 용설란, 메스키트(콩과의 식물), 민들레 종류, 달맞이꽃 종류, 백합 등이 있다. 사막의 동식물들은 극단적 환경에 잘 적응하여 살아간다. 회전초는 물이 부족하면 줄기가 바싹 말라버리고 뿌리 또는 줄기가 끊어져 바람을 타고 실뭉치처럼 이리저리 굴러다니면서 사방에 씨앗을 퍼뜨린다. 어쩌다가 기적적으로 비가 오거나 물이 있는 곳에 가면 빨리 땅에 뿌리를 내리고 줄기를 뻗으며 번식한다. 사막의 한해살이 식물은 씨의 형태로 몇 달 동안 모래 속에 숨어 비를 기다리다가 비가 오면 재빨리 꽃을 피우고 열매를 맺어 씨를 퍼뜨리고 죽는다. 여러해살이 식물은 뿌리를 깊고 넓게 퍼뜨려 지하 깊숙이 뻗어서 물을 확보한다. 황막한 사막은 의외로 생명력이 넘치는 곳이고 삶의 의지를 불태우게 하는 공간이다.

나의 지식이 독한 회의를 구하지 못하고

내 또한 삶의 애증을 다 짐지지 못하여

병든 나무처럼 생명이 부대낄 때

저 머나먼 아라비아의 사막으로 나는 가자

…

그 원시의 본연(本然)한 자태를 다시 배우지 못하거든

차라리 나는 어느 사구(砂丘)에 회한 없는 백골을 쪼이리라

- 유치환, 「생명의 서」 중에서

시인은 지식과 인생에 대한 회의, 삶의 본질에 대한 의구심, 주체할 수 없는 인간적 감정, 좌절과 절망, 인생의 고뇌에 대하여 사막이라는 극한적 공간을 설정하여 거기서 참된 나를 찾고 삶의 의지를 불태운다. 참된 나를 찾았다면(나의 본질을 발견하였다면) 나에게 맞는 길을 찾아 소명의식을 가지고 생명력이 넘치는 삶을 살아가야(실존을 추구해야) 한다.

제4장

자연현상
natural phenomena

첫눈, 함박눈, 흩날리는 눈, 폭설

첫눈

폭설

흩날리는 눈

녹지 않는 눈

따뜻한 함박눈

• 첫눈

과거에 첫눈이 내리는 날은 예정된 약속에 의해 만나는 날 또는 이심전심으로 그냥 만나는 날이었다. 첫눈은 아름다운 추억을 떠올리게 한다. 첫눈은 따뜻하고 반가운 손님이다. 이 때문에 시인들은 "어두운 나의 삶 속에 첫눈처럼 몰래 내려앉는 너"를 노래하고 "세상이 이토록 찬란하다는 것을 알게 해준 첫눈처럼 너에게 가겠다(이미나, 「첫눈처럼 너에게 가겠다」)"고 노래한다. 첫눈 내리는 모습은 나뭇가지에 은가루를 뿌리는 그림 같은 광경이다.

나는 첫눈 속을 거닌다
마음은 생기 넘치는 은방울 꽃들로 가득 차 있다

…

어쩌면 들판 위엔 겨울 대신
백조들이 풀밭에 내려앉는 것이리라

- 예세닌, 「나는 첫눈 속을 거닌다」 중에서

• 함박눈, 흩날리는 눈, 폭설

눈이라고 해서 다 같은 눈이 아니다. 시에서 함박눈은 낮은 곳으로 내리는 축복, 은총, 아름다운 선물이다. 함박눈은 따뜻하다. 반면 흩날리는 눈, 희미한 눈발은 잃어버린 추억의 조각이며 싸늘하다(김광균, 「설야」). 이 때문에 시인은 우리가 눈발이라면 허공에서 쭈뼛쭈뼛 흩날리는 진눈깨비가 되지 말고 따뜻한 함박눈이 되어 잠 못 드는 이의 창문가에 편지가 되고 상처 위에 돋는 새살이 되자고 한다(안도현, 「우리가 눈발이라면」). 한편 폭설은 "다투어 몰려오는 눈보라의 군단"이며 우리를 은폐시키고 고립시키는 "백색의 계엄령"이다(최승호, 「대설주의보」).

눈물에 녹지 않는 눈, 녹지 않고, 채이고, 퍼붓는 눈은 눈물과 슬픔의 결정체이다(허수경, 「잠을 깨는 이 겨울」).

눈 내리는 풍경

은방울 꽃

어지럽게
걷지 말라

러시아 시인 예세닌은 눈 내리는 풍경을 "은을 가지에 흩뿌린다(예세닌, 「자작나무」)"라고 표현하였다. 시인이 보기에 눈 내리는 날 세상은 은방울꽃들로 가득 차 있고 하얀 새들이 내려와 세상을 덮고 있는 곳이다. 눈 내리는 풍경은 아름답다.

가없는 저 하늘에 하얀 옷을 입고
행복의 춤을 추며 허공을 떠돌다 지쳐
땅 위에서 쉰다
- 네그리, 「눈」 중에서

눈 내리는 날, 온 세상은 모든 색깔을 지우고 하얀 옷으로 갈아입는다. 모두가 흑백 필름 시대의 먼 옛날로 돌아가고 눈 위의 발자국은 수묵화의 붓자국처럼 남는다. 눈 위의 발자국은 사람들에게 인생의 발길을 함부로 디디지 말라는 깨달음을 준다.

눈 내리는 벌판 가운데를 걷더라도
어지럽게 걷지 말라
오늘 걸어간 이 발자국이
뒤에 오는 이들의 이정표가 되리니
- 서산대사

망각, 적막, 평화

눈은 소리 없이 내리며 지나간 모든 것을 하얗게 덮어준다. 눈은 하늘과 산과 들판의 경계를 지운다. 눈은 모든 사물의 경계를 지우고 모든 이질적인 것을 감싸 안는다. 눈은 소리 없이 내리고 소음을 흡수한다.

이 때문에 사람들은 눈 내리는 날의 고요하고 하얀 적막 속에서 모든 것을 깨끗이 정화하고 마음의 평화를 얻게 된다.

> 하이얀 입김 절로 가슴이 메어
> 마음 허공에 등불을 켜고
> 내 홀로 밤 깊어 뜰에 내리면
> 머언 곳에 여인의 옷 벗는 소리
> **- 김광균, 「설야」 중에서**

눈 내리는 밤에는 자신도 모르게 감정이 북받쳐 하얀 입김이 나고 마음에 등불이 켜진다. "머언 곳에 여인의 옷 벗는 소리"는 소리가 없다는 것을 소리가 아닌 시각으로 표현한 것이다.

눈 내리는 소리를 청각으로 표현하지 않고 몽환적이고 신비한 분위기를 자아내는 시각으로 바꾸어 표현한 이 부분이 시인의 기발한 발상이다.

눈은 옛 추억을 불러낸다

서글픈 옛 자취

질화로

눈은 산도끼 쫓던 어린 시절, 눈 쌓인 고향 집 마늘밭을 떠올리게 한다(박용재, 「겨울밤」). 시에서 눈은 어느 먼 곳의 그리운 소식, 서글픈 옛 자취(김광균, 「설야」)이며 정다운 옛 이야기, 추억의 날개, 때 묻은 꽃다발(김광균, 「눈 오는 밤의 시」), 낡은 필름같이 내리는 것(김광균, 「장곡 천정에 오는 눈」) 등으로 표현되고 있다. 눈은 잊혀진 옛 사랑의 추억을 떠올리게 한다.

사방에는 소리 하나 들리지 않고
세상은 깊은 망각 속에 갇혀
고요히, 고즈넉하게 떨어진다
그러나 넓은 침묵의 공간 속에
마음만은 추억을 되살리니
잊혀진 사랑을 다시 생각나게 한다
- 네그리, 「눈」 중에서

눈 오는 밤은 질화롯가에 둘러앉아 밤알을 구워가며 할머니의 옛 이야기를 듣던 어린 시절의 추억을 생각나게 한다.

오누이들의
정다운 얘기에
어느 집 질화로엔
밤알이 토실 토실 익겠다
- 김용호, 「눈 오는 밤에」 중에서

봄비 내리는 소리

봄은 희망의 계절, 꿈과 설레임을 가지고 길을 떠나는 계절이다. 희망을 알리는 봄비는 시에서 다음과 같이 표현되고 있다.

"봄비 내리는 소리는 한 떼씩 진군의 나팔소리 같다(송수권, 「봄비는 즐겁다」)", "섬돌에, 양철지붕에 동당 도드당 두들기는 봄비 소리는 하나님이 깊은 밤에 보이지 않는 하얀 손으로 피아노를 두들기는 소리다(심훈, 「봄비」)", "봄비 소리는 신의 나라로 열려 있는 음악 같은 것, 그것은 얼음의 산을 넘어 돌아와 가슴에 닿는 깊은 올의 현악기 소리다(이우걸, 「봄비」)", "봄비 소리는 누에 뽕잎 갉아먹는 소리, 세상 함부로 살아온 나를 욕하는 귀 간지러운 소리 같다(주용일, 「봄비」)."

봄비 소리는 너의 목소리이고 다정한 손님이 오는 소리이며 그리운 님의 발자국 소리이기도 하다.

창 밖에서 들려오는
꿈결 같은 이 소리
자박 자박 마당 밟는
그리운 님 발소린데
- 오광숙, 「밤에 오신 봄비」 중에서

봄비는 자비(慈悲)다

자비는 하늘에서 내리는 단비와 같습니다.
그것은 주는 자와 받는 자를 함께 축복하는 것이니
미덕 중에서 최고의 미덕이요,
왕관보다 더 왕답게 해 주는 덕성이지요.
자비를 베풀면 지상의 권력은
신의 권세에 가깝게 됩니다.

- 셰익스피어, [베니스의 상인] 중에서

봄비는 겨우내 굳어 있던 대지를 흔들어 깨우고 땅을 적셔 푸른 희망이 솟아나게 하고 시냇물을 흐르게 한다. 이러한 봄비는 시에서 다음과 같이 표현되고 있다.

"봄비는 딱딱하게 굳어 있는 희망을 잡아당긴다(임영석, 「봄비는 푸른 희망을 잡아당긴다」)", "봄비는 길을 모르는 새싹에게 뻗어나갈 길을 알려준다(최지언, 「봄비」)", "봄비는 땅에 맥을 짚어 은침 하나를 꽂아 놓고 땅거죽을 헤집어 새싹들 간지럼 태운다(나순옥, 「봄비」)", "봄비는 황달 걸린 들판을 환한 기척으로 깨어나게 한다(김영은, 「생명의 비」)."

봄비는 메마른 대지 위의 만물을 살아나게 하는 생명의 단비, 자비의 눈물이다. 하늘에서 내리는 단비는 차별 없이 지상의 모든 것에 축복을 내린다. 시인은 죽은 듯한 산천초목을 살려내는 단비와 같은 사람이 되고 싶다.

구름의 벼랑에서
죽은 듯이 뛰어내려
목마른 대지를 촉촉하게 적시는
봄비는
죽었어도 살아있는 구름
새싹은 죽었어도 살아있는 씨앗
살았어도 죽은 듯한
생명을 살려내는
단비가 되리라
- 남정림, 「봄비 내리면」 중에서

소나기

콩 볶는
소리

추억의
소낙비

소낙비 같은
사랑

소나기는 갑자기 세차게 쏟아지다가 곧 그치는 비를 말한다. 소나기 내리는 소리는 시원하고 경쾌하다. 양철지붕 위에 떨어지는 소나기 소리는 시인에게 콩 볶는 소리, 콩 튀기는 소리로 들린다. 이 소리는 콩을 볶아 나눠 먹으며 함께 노래 부르고 넋두리하던 정 깊은 옛 사람들을 생각나게 한다. 양철지붕 소나기 소리는 정이 깊다(이영균, 「양철지붕 위 빗소리」). 소나기는 옥수수가 자라던 고향, 갑자기 불어난 시냇물에 소꿉친구 여자아이를 업어 건네주던 옛 추억을 떠올리게 한다(정세훈, 「소나기」). 무더위로 짜증날 때 소나기가 쏟아지면 초목들이 환호를 하고 나뭇잎, 사슴뿔, 지붕, 자동차 위의 먼지들이 깨끗이 씻겨 내려간다.

저 소나기가 나뭇잎을 닦아주고 가는 것을 보라

…

나뭇잎에 앉은
먼지 한 번 닦아주지 못하고 사람이 죽는다면
사람은 그 얼마나 쓸쓸한 것이냐
- 정호승, 「나뭇잎을 닦다」 중에서

나뭇잎은 물을 증발시켜 먼지를 걸러준다. 시인은 나뭇잎의 먼지를 닦는 일은 우리 스스로 나뭇잎이 되거나 하늘이 되는 것이라고 한다. 하늘은 못 되더라도 나뭇잎 정도는 되어야 하지 않겠는가.

소나기의 빗줄기는 낮은 곳으로 계속 이어져 강물을 이루어 모든 것을 떠내려보낸다. 마음속의 상념들, 그리움까지 씻어낸다. 소나기가 사랑이라면 빨리 흠뻑 젖고 꿈처럼 잠시 머물다 그리움만 남긴 채 금세 사라지는 사랑이다. 시인은 잠시 퍼붓다 사라지는 소나기보다 잔잔하게 다가와 언제인지 모르게 흠뻑 젖게 되는 가랑비를 좋아한다.

소나기같이 내리는 사랑에 빠져
온몸을 불길에 던졌다

…

이제는 그 불길을 맞을 자신이 없다
소나기보다는 가랑비 같은 사랑
- 서정원, 「소나기같이, 이제는 가랑비같이」 중에서

가을비 내리는 풍경, 가을비 소리

가을비 내리는 풍경

가을비 소리

• 가을비 내리는 풍경

가을비는 나뭇잎을 적신다. 가을비는 싸늘한 바람과 함께 나뭇잎을 떨구고 낙엽을 밟고 간다. 낙엽위에 가을비가 내리고 그 위에 다시 낙엽이 떨어진다. 시인이 보는 가을비는 인생 3막 3장의 막을 내리는 커튼이다.

> 빗살무늬 커튼이 내려오고 있다
> 어깨 들썩이며 / 주춤 주춤 내리는 물결
>
> - 최혜옥, 「가을비」 중에서

• 가을비 소리

가을비 내리는 소리는 이별의 아픈 노래처럼 마음을 서글프게 한다. 시인에게 가을비 소리는 단풍이 물들어 가는 소리, 가슴에 못질을 하듯 파고드는 소리, 가을 뭉게구름 적막하게 흩어지는 소리이며 뒤늦게 철들어 가는 소리다.

> 이제는 봄비보다 / 가을비가 더 좋다
> 아니 가을비 소리가 더 좋다
> 봄비에 꽃봉오리 벙글대는 소리보다
> 단풍잎 물들어가는 소리가 가슴에 못질하듯
> 파고들어 더 좋다
>
> - 정종배, 「가을비 소리에 철들다」 중에서

나이가 들면 눈과 코를 자극하는 아름다움과 진한 향기와 요란함보다는 담백함, 달 항아리 같은 은은함, 숙연함, 가슴을 파고드는 소리가 좋아진다. 철들어 마음의 눈을 뜨게 되기 때문이다.

한편 서늘한 가을비는 뜨거운 시절을 보내고 떠날 날이 오면 미련 없이 떠나가라는 신호이기도 하다.

> 까만 상복의 / 한 무리 까마귀 떼가 와서 울고
> 두더지, 다람쥐 땅을 파는데
> 후두둑 / 관에 못질하는 소리
>
> - 오세영, 「가을비 소리」 중에서

가을비는 마음을 적신다, 가을비 내리는 날의 상념

가을비는 마음을 적시고 사연을 적신다

• 가을비는 마음을 적신다

봄은 달콤하고 명랑하고 발랄하며 희망의 부푼 꿈이 펼쳐지는 계절이며 여름은 꿈이 하늘까지 올라간 화사한 계절이다. 가을이 되면 꿈의 날개를 접고 올바른 것들을 놓친 잘못과 태만을 되돌아보며(존 키츠, 「인생의 계절」) 은빛의 인생 제4막을 준비하는 때이다. 가을은 무거워지고, 깊어지고, 숙여지는 계절이면서 비우고 가벼워지는 계절이기도 하다. 풍요의 계절인 동시에 이별의 계절인 가을에 내리는 비는 마음을 적신다.

낙엽이 떨어지는 가을에 내리는 비는

외투보다 가슴을, 우체통보다 사연을 먼저 적신다

- 김시탁, 「가을비」 중에서

• 가을비 내리는 날의 상념

여름을 다 보내고 차갑게 내리는 가을비는 사랑했던 자리와 추스르지 못한 흥분과 뜨거운 마음을 식히고 차분하고 냉정하게 겨울(인생 제4막)을 준비하라고 한다. 가을비는 시인에게 묻는다. "너는 이제껏 얼마나 사람들의 가슴을 적셔 왔는지, 훌쩍 떠날 날이 오면 미련 없이 떠나버려도 좋을 만큼 살아 왔는지, 가을비를 맞으면 그때는 무슨 옷으로 갈아입고 내일을 가야 하는지(용혜원, 「가을비를 맞으며」)."

가을비의 싸늘한 감촉은 인생의 가을에 접어든 사람들을 상념에 빠지게 한다. 바람 불고 가을비 내리는, 낙엽 지는 날은 그리움도 커지고 슬퍼진다. 사랑하면서도 더 잘해주지 못했던 사람 생각에 시인의 마음에도 가을비가 내린다.

가을비 오는 날

나는 너의 우산이 되고 싶었다

너의 빈 손을 잡고

가을비 내리는 들길을 걸으며

나는 한 송이

들국화를 피우고 싶었다

- 정호승, 「너에게」 중에서

겨울비, 눈이 되지 못한 존재

겨울비는 눈이 되지 못한 존재

우울한 겨울비

정겨운 겨울비

시에서 겨울비는 다음과 같은 존재로 표현되고 있다.

"겨울비는 몸속에 겹겹이 접혀 있는 흰 날개를 한번도 펴 보지 못하고 떨어져 죽는 천사들의 비린 알몸 같은 존재이다(이덕규, 「겨울비」)", "겨울비는 겨울에도 눈이 되지 못하고 눈물이 되어 뚝뚝 떨어지는 눈물방울이며 눈물 나는 세상에서 속절없이 쓰러져 울며 당신께 보내는 나의 눈물방울이다(박남준, 「겨울비」)", "겨울비는 그리움 어쩌지 못하고 내 앞에서 눈물 떨구는 우는 사람이다(박남준, 「겨울비」)", "겨울비는 하얀 눈으로 깨끗하게 몸단장하고 오려 했지만 쌓이면 불편해할까봐 민낯 얼굴로 그대로 내달려온 사람이다(오보영, 「겨울비 사랑」)."

동장군이 서슬 퍼런 한겨울에 세상이 다 젖도록 겨울비가 내리는 것은 그리움 때문인가?

한밤중이던 그리움들이

벌떼같이 깨어나

귀살쩍게(뒤숭숭하고 산란하게)

톰방대고 있다(물에 떨어져 잠기는 소리를 내고 있다)

- 권오범, 「겨울비」 중에서

겨울비는 겨울에 꼭 눈이 되지 않더라도 비를 기다리는 당신의 가슴을 적시기 위해 내리는 것이고(오보영, 「겨울비」), 네가 보고 싶어서 추운 겨울 지나기 전에 꼭 한번 다시 와야겠기에 비가 되어 내리는 것이다(오보영, 「겨울비 사랑」). 겨울비를 어떻게 보는가는 마음 상태에 달려 있다.

시에서 겨울비는 그리움의 눈물, 이별의 눈물, 이별의 노래 등 대체로 어둡고 슬픈 이미지로 표현되고 있다. 겨울비는 봄을 재촉하는 봄비, 시원하게 쏟아지는 여름 소나기와는 달리 싸늘하고 우울하고 음산한 분위기를 자아내기 때문에 문학에서는 연인을 떠나보내는 조용한 눈물, 슬픈 노래 등에 비유되고 있다. 그러나 검은 비 쏟아지는 겨울밤도 그대와 함께라면 같이 우산을 쓰고 한없이 걷고만 싶고 마음은 분홍빛, 사랑도 촉촉하다.

우산 속에서 우리는 / 때아닌 겨울비도 정겹다

…

비내리는 겨울밤 / 그대만 곁에 있으면

내 마음은 분홍빛이다

우리의 사랑도 내리는 겨울비에 / 촉촉이 젖어든다

- 용혜원, 「겨울비 내리던 날」 중에서

아름다운 공허

**가슴에 무지개를
남기자**

무지개는 하늘에 있고 강물에도 있고 잎사귀의 물방울, 눈물방울, 눈꺼풀에도 있다. 무지개는 나타났다가 금세 햇빛 속으로 사라진다.

희망은 미소짓는 무지개
아이들이 빗속에서 따라가는 것
- 토머스 카알라일, 「쿠이 보노」 중에서

소낙비가 내린 뒤에는 무지개가 뜨고 파란 하늘이 나타난다. 아이들은 무지개의 약속을 믿기 때문에 빗속에서 무지개를 따라간다. 무지개는 비가 온 뒤 언제나 뜨는 것이 아니다. 무지개가 뜬다 하더라도 그것은 꿈처럼 잠시 왔다가 간다. 인생사 희로애락의 모든 순간은 오래 지속되지 않으며 짧기 때문에 무지개처럼 아름답고 아쉬운 것이다.

무지개는 이윽고 사라졌다
아쉽게
인간의 영혼의 그리움이
행복을 손모아 하늘에 비는 아쉬움처럼
사라진다. 서서히
…
만사는
무지개가 섰다 사라지듯
아름다운 공허였었다
- 한하운, 「무지개」 중에서

사랑의 기쁨도 행복도 무지개처럼 잠시 왔다가 간다. 그러나 무지갯빛 꿈 같은 사랑은 사람들의 가슴에 오래도록 아름다운 추억으로 남는다. 잠시의 인연이라도 무지개 같은 추억을 남기는 사람이 되자.

무지개는 희망의 메시지

무지개는 희망의 메시지

흰 무지개

강철로 된 무지개

하늘의 무지개를 바라보면

내 가슴은 뛰누나

나 어려서도 그러했고

어른이 된 지금도 그러하네

…

어린이는 어른의 아버지

내 생애의 하루하루가

경건한 마음으로 이어지기를

- 윌리엄 워즈워드, 「무지개」 중에서

무지개는 사람들에게 희망을 준다. 무지개는 일곱 가지 영롱한 빛깔로 희망의 메시지를 보낸다. 소낙비가 온 뒤에는 무지개가 뜰 것이니 소낙비가 퍼부어도 절망하지 말라고 격려해주고 용기를 준다. 희망을 버리지 않고 최선을 다하며 경건한 마음으로 살아간다면 소낙비 내린 후에 무지개가 뜨듯이 찬란한 순간을 맞이할 수 있다.

일제 시대 우리 민족은 일제의 압제를 피해 내 나라를 떠나 북방으로 이주하여 추위와 가난, 나라 없는 설움과 극한의 고통 속에서 살면서도 조국 광복의 희망과 의지를 버리지 않았다.

하늘도 그만 지쳐 끝난 고원

서릿발 칼날진 그 위에 서다

…

한발 재껴 디딜 곳조차 없다

이러매 눈 감아 생각해 볼 밖에

겨울은 강철로 된 무지갠가 보다

- 이육사, 「절정」 중에서

형가(중국 전국시대의 자객)는 진시황을 베러 출발할 때 "하늘에서 흰 무지개가 해를 꿰뚫었다"는 시를 읊었다. 흰 무지개는 국가적 변란의 징조 또는 불의를 베는 칼의 의미로 쓰인다. 이육사는 처음에 태양(일본)을 관통하는 흰 무지개라고 표현하려고 하였으나 일제의 검열을 피하고자 나중에 말을 살짝 바꾸어 '강철로 된 무지개'라는 표현을 사용하였다. 이육사는 안중근 추모시에서 '검의 칼날에 비치는 서릿발 기운'이라고 표현함으로써 시련 속에서도 저항과 극복의 의지를 불태웠다.

안개는 감싸주는 존재, 안개는 떼어 놓는 존재

안개는 감싸준다

안개는 서로
떼어놓는다

음모로
진실을 덮자!

• 안개는 감싸주는 존재

시에서 안개는 따뜻하게 감싸주는 존재로 표현된다. 안개는 상처받은 영혼, 밤새 머물지 못하고 떠도는 영혼을 감싸주고(허형만, 「안개」), 상처 깊은 거리를 붕대로 동여매고 마을 전체를 치마폭에 감싸 안는다(홍일표, 「안개, 그 사랑 법」). 산을 품에 껴안고 있는 안개는 정든 님, 엄마의 두 팔과 같다.

> 남산의 실안개는 산허리를 돌고요 / 정든 님 두 팔은 내 허리를 감는다
>
> - 「정선 아라리」 중에서

> 한없이 좋은 우리 엄마처럼 / 사랑을 퍼 주는 안개 / 엄마 사랑 넉넉히 마시고 있는 산
>
> - 서향숙, 「안개 엄마」 중에서

한편 안개는 감기 걸리지 말라고 애기봉에 둘러준 하얀 목도리(유응교, 「안개」), 하늘과 바다, 강산이 피곤해서 개운해질 때까지 잠을 더 잘 수 있게 배려해 주는 존재(도지민, 「아침안개 속에서」)로 표현되기도 한다. 이러한 시적 발상은 두뇌를 유연하게 하고 사고력을 확장시킨다.

• 안개는 떼어 놓는 존재

안개는 보이는 것을 보이지 않게 하고 물체를 둘러싸서 다른 것과 떼어 놓기도 한다.

> 기이하여라 안개 속을 거니는 것은 / 덤불과 돌은 저마다 외롭고 / 나무들도 서로가 보이지 않는다
>
> …
>
> 산다는 것은 외롭다는 것이다 / 사람은 서로를 알지 못한다 / 모두가 다 혼자다
>
> - 헤르만 헤세, 「안개 속에서」 중에서

안개는 사람을 청맹과니(눈뜬 장님)로 만든다. 사람이 아무리 많아도 서로 이해할 수 없고 소통할 수 있는 진정한 친구가 없다면 안개 속을 걷는 것과 같고 군중 속에서도 외로운 것이다. 사악한 자들은 자신의 이익을 위해 안개를 피워 본질을 가리고 세상을 속인다. 특히 사회주의 운동권 세력은 '시기', '질투', '증오', '느낌과 인상으로 속단하는 경향' 등 인간성의 취약한 점을 잘 공략하여 갈라치기 전략으로 국민을 서로 싸우게 만들어 정치적 이득을 얻는다. 안개와 어둠은 빛을 쪼이면 사라진다. 지식인은 대중을 무지와 미몽에서 깨어나게 하는 계몽의 빛을 비춰줄 수 있어야한다.

안개는 몰래 왔다가 사라지는 존재

안개는 몰래 왔다가 사라지는 존재

**안개 속에서는
귀를 열어 두어야 한다**

시에서 안개는 은밀하게 스머드는 존재, 내밀하게 흐르면서 나직이 속삭이는 존재이다.

면사포를 길게 늘인 / 새벽의 정령
세작(스파이)처럼 스며들어 어둠을 헐고
초야의 단꿈 속에 매복중이다
- 이현우, 「안개」 중에서

모를 것이다
못박을 수 없고, 그물로 멈추게 할 수 없는
내밀한 흐름, 눈부신 보행을
허공에 떠다니는 금빛 은어떼의 나직한 연가를
- 홍일표, 「안개, 그 사랑법」 중에서

안개는 (신이) 물방울을 잘게 썬 것(박성룡, 「안개비」), 모든 것이면서도 아무것도 아닌 것이 되는 존재(김민서, 「피어라 안개」), 머리 풀고 굿거리장단 춤 한번 신나게 추고 사라지는 존재(송정숙, 「안개」)이다. 안개는 은밀하게 왔다가 햇살이 비치면 금세 사라진다. 그러나 안개에 덮여 있는 동안은 눈이 멀게 되기 때문에 귀를 열어야 한다.

안개가 지독해야 안개 너머를 꿈꾸고
자기의 안쪽을 염려한다
안개가 극심해야 세상은 눈을 버리고
오래된 귀를 연다
나는 온몸으로 청각이 되어 있다
눈을 믿는 자는 권력을 믿는다
- 이문재, 「안개 침엽수 지대」 중에서

마음을 차분히 다스리는 사람은 귀와 눈이 그에게 장애가 되지 않으나 귀와 눈을 믿는 사람은 보는 것이 자세할수록 더욱 병이 되는 것이다(박지원의 「일야구도하기」에서는 외물에 현혹되지 않고 바른 판단을 하기 위해서는 마음의 눈을 열어두어야 한다고 말한다).

눈, 귀가 다 멀었던 헬렌 켈러는 촉각, 미각, 후각으로 유추하여 마음과 연결하여 판단하였다. 하나의 감각에 지나치게 의존하는 것은 올바른 판단에 장애가 될 수 있다.

노을이 있는 풍경

시에서 노을은 하늘이 (강에) 빚은 술(홍해리, 「노을」), 그대의 상기된 볼(전은영, 「노을」), 삶을 마감하는 사람이 피워올린 붉은 꽃(서정윤, 「노을」), 수직으로 떨어지는 심장(홍해리, 「노을」), 하늘에서도 얼굴 붉힐 일이 있어 누군가 할퀸 자국(나태주, 「노을」)으로 표현되고 있다.

노을진 풍경은 빨갛게 익은 능금나무 밭(홍해리, 「노을」), 한낮의 뜨거움을 새악시 외씨버선처럼 산등성이에 걸어 놓은 모습(전은영, 「노을」), 하루의 노동을 마친 태양이 바닷가의 소나무 가지에 걸터앉아 쉬고 있는 화투의 솔광과 같은 모습(허형만, 「석양」)으로 묘사되고 있다.

시인은 노을이 지는 바닷가에서 술을 마시고 벌겋게 취하고 싶다.

더는 늙지 말라고 이대로!

…

키작은 소나무도 벌겋게 취해 있었다
바닷물도 눈자위가 붉고 촉촉했다
- 허형만, 「석양」 중에서

시인은 노을을 바라볼 때 저녁에 서쪽 하늘을 붉게 물들이는 노을처럼 마지막 열정을 불태우고 싶다.

인생의 황혼도 더 붉게
붉게 타올라야 합니다
마지막 숨을 몰아 쉬기까지
- 용혜원, 「황혼까지 아름다운 사랑」 중에서

시인은 '그대의 상기된 볼'같은 노을이 피어 있는 날에는 사랑의 세레나데를 울리는 바이올린 소리와 아름다운 노래를 듣고 싶다. 복숭아 빛 그대 볼을 감싸 안고 달빛 아래서 가볍게 춤추고 싶다. 그래서 그대를 부른다.

또 다시 돌아온 / 아스라한 새벽 빛 맞으러
길 떠날 수 있게
사뿐한 사랑으로 / 그대 내게 오십시오
- 전은영, 「노을」 중에서

노을은 노년의 아름다운 사랑, 노을은 변치 않는 사랑

황혼까지
아름다운 사랑

당신의 노을이 되리라

• 노을은 노년의 아름다운 사랑

서쪽 하늘을 붉게 물들이는 태양은 아침에 동녘 하늘을 물들이는 태양, 중천에 떠 있는 태양보다 뜨거움은 덜하지만 오래도록 하늘을 아름답게 물들이고 마음을 적셔준다. 시에서 저녁노을은 아름다운 노년 또는 황혼까지 아름다운 노년의 사랑을 나타낸다.

젊은 날의 사랑도 아름답지만
황혼까지 아름다운 사랑이라면
얼마나 멋이 있겠습니까
…
마지막 숨을 몰아 쉬기까지
오랜 세월 하나가 되어
황혼까지 동행하는 사랑이
얼마나 아름다운 사랑입니까

- 용혜원, 「황혼까지 아름다운 사랑」 중에서

• 노을은 변치 않는 사랑

노을은 연인이 떠난 뒤에도 아낌없이 쏟아붓는 사랑이다. 시인은 노을이 되어 그대가 떠나는 길을 아름답게 비춰주고 싶고 심지어는 죽어서도 하늘에서 빛나는 노을이 되어 연인의 가슴을 아름답게 물들이고 싶고 연인을 지켜주고 싶다. 이것은 죽어서도 변치 않는 사랑, 시리도록 아름다운 사랑이다.

나 죽어 당신을 사랑할 수 있다면
당신을 지켜주는 그 무엇이 될 수 있다면
죽어도 변치 않는 사랑하는 당신의 노을이 되리

- 심성보, 「나 죽어 사랑하는 당신의 노을이 되리」 중에서

부끄러운 자취, 반성

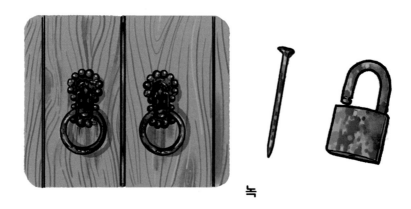

녹

녹을 닦자

녹(rust)은 금속의 주변에 생기는 부식생성물이다. 공기 중에 있는 산소, 수분, 이산화탄소 등의 작용에 의해 그 금속의 표면에 산화물, 수산화물, 탄산염 등의 피막을 만들어 녹이 생기게 된다. 녹이 끼면 표면이 거칠어지고 금속은 광택을 잃게 되며 부식이 금속 내부로 확대되는 것이 보통이다. 시에서 녹은 지나온 생애의 부끄러운 자취, 행적을 나타낸다.

파란 녹이 낀 구리 거울 속에

내 얼굴이 남아 있는 것은

어느 왕조의 유물이기에

이다지도 욕될까

- 윤동주, 「참회록」 중에서

한편 녹을 닦는 행위는 부정적 과거의 자취를 돌아보며 순수한 영혼을 회복하고 새로운 삶을 다짐하는 자세를 나타낸다. 시인은 대문의 녹을 닦으며 자신의 깊고 어두운 생명의 저편을 보고 부끄럽게 살아온 삶 속에서 순수한 사랑까지 녹슬었음을 반성하고 새로운 각오를 다진다.

나는, 대문의 녹을 닦으며

내 깊고 어두운 생명 저편을 보았다

…

노을 앞에서 바람 앞에서

철없이 울먹였던 뽀오얀 사랑까지

바로 내 영혼 깊숙이

칙칙하게 녹이 슬어 있음을 보고

손가락이 부르트도록

온몸으로 온몸으로 문지르고 있었다

- 허형만, 「녹을 닦으며」 중에서

바람은 삶의 시련이다

삶의 시련

연은 바람이 심할때
높이 난다

바람은 삶을
각성시키고
생명력을
불어넣는다

나를 키운 건 8할이 바람이다(서정주, 「자화상」)라는 시에서 바람은 삶의 시련을 나타낸다. 연은 바람이 심할 때 높이 난다. 인생도 시련을 많이 겪을 때 단련되어 더 높이 도약할 수 있고 모진 비바람 맞고 시련을 많이 겪은 인생이 더 아름답다. 시련이 없다는 것은 축복받은 적이 없다는 것이다. 산다는 것은 바람 속을 비틀거리며 걷는 것처럼 시련을 겪으며 인생길을 헤쳐 나가는 것이다.

산다는 것은
바람이 잠자기를 기다리는 게 아니라
그 부는 바람에 몸을 맡기는 것이다
바람이 약해지는 것을 기다리는 게 아니라
그 바람 속을 헤쳐 나가는 것이다
- 이정하, 「바람 속을 걷는 법 2」 중에서

바람은 나뭇잎을 스치며 나무를 흔들고 잔잔한 바다에 파도를 일으킨다. 바람(삶의 시련)은 사람을 각성시키고 인생에 활력과 생동감을 준다. 바람이 있기에 사람은 살아 있음을 느끼고 삶의 의지를 불태운다.

마셔라 내 가슴이여, 바람의 탄생을
신선한 기운이 바다에서 솟구쳐 올라
나에게 내 혼을 되돌려 준다
…
바람이 분다. 분투하며 살아야겠다
부숴라 파도여, 뛰는 물살로 부셔버려라
- 폴 발레리, 「해변의 묘지」 중에서

시간은 바람처럼 왔다가 지나간다. 흐르는 시간을 뜬구름 쫓아다니며 보내지 말고 땀 흘려 자신의 시간으로 만들어라. 떠나기 전에 노래 하나, 별빛 하나쯤은 남겨야 하지 않겠는가.

바람은 세월, 인생, 인연이다

**바람은 잡을 수 없고 가둘 수도 없는
세월같은 것**

인연은 바람과 같다

바람은 근원을 알 수 없는 곳에서 와서 나를 어루만지고 흔들다가 언제 다시 온다는 기약도 없이 사라진다.

저 안을 수 없는 것
저 붙잡을 수도 가둘 수도 없는 것
어디서 언제 기다려야 할지 기약할 수조차 없는 것
- 김해자, 「바람의 경전」 중에서

바람은 와서 잠시 머물다가 흔적도 남기지 않고 사라진다는 점에서 흘러가는 세월과 같고 인생과 같다. 바람 같은 세월이 머물다 간 자리에는 추억만 남는다.

삶이란 것은
내가 그리워한 사랑이란 것은
하나하나 맞이했다가 떠나보내는 세월 같은 것
- 이정하, 「바람 속을 걷는 법 4」 중에서

살다보니 바람 아닌 게 없더라
내 걸어온 모든 길이 바람길이더라
- 이정하, 「바람 속을 걷는 법 5」 중에서

바람은 잠시 내 곁에 와서 나를 흔들다가 사라진다는 점에서 스쳐 지나가는 인연과도 같다.

인연은 갈밭을 건너는 바람
- 박목월, 「이별가」 중에서

바람처럼 잠시 스쳐간 인연은 늦게까지 그리움으로 남아 나를 흔든다.

그대여 그립다는 말을 아십니까
그 눈물겨운 흔들림을 아십니까
- 이정하, 「바람 속을 걷는 법 4」 중에서

바람은 영혼의 매개체

바람은 어디든 막힘없이 흐른다. 바람에게는 경계와 담장이 필요 없다. 바람에게는 어디든 길이다. 바람은 사통팔달 언제 어느 곳으로든 시공간의 제약을 받지 않고 이동한다는 점에서 시에서 영혼의 매개체가 된다. 바람은 신과 인간의 영혼을 이어준다.

살아 있기에 바람이 좋고
바람이 좋아 살아 있는 세상
보이지 않게 나를 흔드는 당신
노래로 일어서는 3월의 바람
- 이해인, 「3월의 바람 속에서」 중에서

바람은 사람과 사람, 떠난 자의 남은 자, 이승과 저승 사이를 이어준다. 멀리 떠난 이의 소식을 전하고, 멀리서 다가와 속삭이고 그리움과 사연을 전하고 노래를 부른다. 바람은 시인에게 떠난 이의 목소리, 숨결, 노래, 발자국 소리로 들리기도 한다.

자목련이 흔들린다.
바람이 왔나보다
왠지 자목련은 조금 울상이 된다
- 김춘수, 「바람」 중에서

자목련의 흔들림은 먼저 세상을 떠난 아내의 숨결, 목소리이고 시인을 흔드는 그리움이다.

우리가 모두 떠난 뒤
내 영혼이 당신 옆을 스치면
설마라도 봄 나뭇가지 흔드는
바람이라고 생각지는 마
- 마종기, 「바람의 말」 중에서

바람이 하는 말

바람은 살랑살랑 나뭇잎을 흔든다. 파도를 일으키고 숲을 흔들어 깨운다. 깃발을 펄럭이게 하고 치맛자락을 휘날리게 하고 갈대와 억새밭을 지나며 피리를 불고 사찰의 풍경(風磬, wind-bell)을 흔들어 종소리를 내고, 노래도 부른다. 봄에는 희망의 소식을 전해 오고 여름에는 이마의 땀을 식히라고 하고 가을에는 헤어짐과 추위에 대비하라고 한다.

척 로퍼(Chuck Roper, 미국 작가)는 「자연이 들려주는 말(나는 듣는다)」에서 "하늘이 하는 말을 듣는 자 마음을 열어라. 경계와 담장을 허물고 날아보라"고 하였다. 이처럼 시인은 자연에서 인생의 주옥과 같은 소리를 듣는다. 그렇다면 바람이 하는 말은 무엇일까?

> 흐르는 바람이 내게 말했습니다.
> 삶에 지쳐 세상 끝에 닿았다 생각되더라도
> 멈추지 말라고 멈추지는 말라고
> - 정공량, 「멈추지 말라고」 중에서

바람은 끊임없이 흐른다. 매일매일 새로운 바람이 분다. 헤라클레이토스는 "같은 강물에 두 번 발을 담글 수는 없다"고 하였다. 물은 끊임없이 흐르고, 흐르는 물은 항상 새로운 물이다. 바람과 물처럼 세상은 끊임없이 흐르고 있다(Panta rhei - 헤라클레이토스).

불교의 공(空)은 모든 현상이 여러 인연의 일시적인 화합에 지나지 않고 그것을 구성하는 고정불변의 실체가 없다는 것을 말한다. 그것은 텅 비어 있어 허무하다는 뜻이 아니라 언제든 변하고, 또 다른 것으로 채워질 수 있는 무한한 가능성(텅 빈 충만)이다. 그런 의미에서 모든 존재는 '바람처럼 잠시 스쳐 지나가는 것', '아무것도 아닌 것', '덧없는 것'이 아니라 무한한 생명에 근거하여 다함이 없는 것(무궁한 것)이다.

바람은 같은 바람이 아니다

바람은 같은 바람이 아니다

봄바람

가을바람

바람은 같은 바람이 아니다. 봄바람은 언 강을 녹이고 이파리와 나뭇가지에 피를 돌게 하고 가을바람은 나뭇잎을 후려쳐 떨구고 집 없는 사람들을 한숨 쉬게 한다. 바람은 같은 바람일지라도 사람에 따라 다르게 느껴진다.

가난한 우리 집에
서글피 불던 바람과
저 큰 부잣집에
너그럽게 불던 바람이
다른 듯하지만
결국은 똑같네
…
세상 돌아가는 이치가
어차피 이 테두리와 같다네
- 박재삼, 「바람의 내력」 중에서

추위에 떠는 자에게는 바람이 시리나 다른 누구에게는 바람이 시원하다. 프로타고리스는 "모든 사람은 제 나름의 감각과 느낌으로 살아간다. 누구의 감각이 옳은지는 알 수 없다. 감각으로 인지되는 것은 나름대로 다 진실하다", "인간은 만물의 척도다"라고 하였다.

인간은 감각기관을 통해 정보를 받아들이는데 감각과 기분은 사람에 따라 모두 다르고 시시각각으로 변화한다. 모든 사람은 각자의 기준과 전제조건으로 만사를 판별한다. 그러므로 모든 이론에는 의심과 비판의 여지가 있고 보편적 진리나 통일적 견해는 나오기 어렵다. 상반된 논의들이 치열하게 충돌하는 과정에서 세상은 점진적으로 개선되어 가는 것이고 고정불변의 영원한 진리는 성립되기 어렵다. 바람이 사람의 체질, 형편, 기분에 따라 다르게 느껴진다는 사실에서 우리는 타인의 느낌과 생각을 존중해야 한다는 것, 나의 생각이 절대적으로 옳은 것이 아니라는 삶의 지혜를 얻을 수 있다.

인생은 뜬구름과 같다

구름은 일정한 모양이 없고, 어느 곳에서도 결코 머물지 못하고, 지나가면 다시 오지 않는다는 점에서 인생과 같다. 불교에서는 "태어남은 한 조각 구름이 일어나는 것이고 죽는 것은 한 조각 구름이 스러지는 것, 뜬구름 자체가 실체가 없는 것이니 사람의 생사나 오고 가는 것도 뜬구름과 같다"고 한다. 모든 것이 인연에 따라 만나 잠시 머물다 사라지는 것이니, 업(業)의 덩치와 무게를 줄이고 마음을 가볍게 하고 살아가라는 것이다.

사람이 어떤 행위를 하면 그 행위가 없어지더라도 어떤 세력, 기운이 마음에 형성되고 어떤 흔적을 남기게 된다. 업(業, karma)은 삶에서 행한 모든 행위들이 축적된 결과이며 최후의 유전자라고 할 수 있다. 그것은 전생의 잘못으로 인해 받게 된 현재의 장애(업장, 業障), 과거에 저지른 잘못된 말과 생각의 영향으로 현재에도 갖게 된 그릇된 마음작용(업식, 業識)을 포함한다. 불교와 힌두교에서는 인간은 업의 끊임없는 변화 속에 생멸을 거듭하는데 인간의 현재 모습은 그가 지난 생에 지은 업의 그림자이다. 어리석음으로 업장을 두텁게 쌓으면 이기적이고 사악한 인간으로 태어나 악에 탐닉하게 되고 그 결과 자신의 삶의 주인이 되지 못하고 업에 종속되어 끌려다니게 된다. 지상의 삶에서 가장 중요한 것은 사랑으로 주변 사람들을 보살피고 덕을 행함으로써 선한 카르마를 쌓는 것이며 열심히 공부하여 지혜를 얻어 영적 진화를 이루는 것이다. 좋은 마음은 좋은 에너지를 발산하여 좋은 물질을 끌어모으고 좋은 세포를 만든다. 인간은 억겁의 무한한 시간을 살면서 무량한 업을 짓는데 업은 잠재적인 에너지가 되어 어떤 존재가 살아가게 하는 원동력으로 작용하고 죽은 뒤에 미래의 생을 결정한다.

사람들은 젊은 시절 마음속에 많은 공장을 짓고 구름 밑을 쏘다니는 개처럼 공중에서 머뭇거리고 방황하며 세월을 낭비한다(기형도, 「질투는 나의 힘」). 많은 사람들은 헛된 이상에 매달려 무엇 하나 제대로 이루지 못한 채 청춘을 허비한다. 자신이 열심히 쫓아다녔던 것이 자신에 대한 사랑, 자기계발이 아닌 타인이 좋다고 하는 삶에 대한 추종, 타인의 성공에 대한 질투와 같은 무가치한 일이었음을 뒤늦게 깨닫고 후회한다.

하늘에서 하는 일을 나는 많이 놓쳤다 / 놓치다니! 이젠 구름 잡는 일이 시들해졌다

- 천양희, 「구름에 깃들어」 중에서

"미네르바의 부엉이는 황혼에 날개를 편다"는 말처럼 사람은 오랜 기간 동안 시행착오를 겪은 후 뒤늦게 철이 든다. 지금이라도 뜬구름 잡는 일 그만하고 구름으로부터 가볍게 산다는 것 하나만이라도 배우고 정말 중요하고 가치 있는 일에 집중할 수 있다면 다행이다.

구름은 얼마나 많은 비를 / 버려서 가벼운가 / 나는 또 얼마나 많은 나를 / 감추고 있어서 무거운가

- 천양희, 「구름에 깃들어」 중에서

구름이 하는 말

시에서 구름은 하얀 수염을 늘어뜨린 하얀 염소들(권오삼, 「흰 구름」), 잊어버린 아름다운 노래, 고요한 가락(헤르만 헤세, 「흰 구름」), 심심하게 보내는 사람(김용택, 「뜬 구름」), 지상을 살피러 온 천사들의 휴식처(천상병, 「구름」), 깊은 산골 샘물에서 태어나 도랑, 개울, 강을 지나 바다에 이른 후 하늘에 떠 있는 할아버지(황베드로, 「구름 사이」), 고향 잃은 누나와 천사(헤르만 헤세, 「흰 구름」) 등으로 표현되고 있다. 이런 구름은 우리에게 침묵으로 말한다.

> 구름은 그의 말을 종이 위에 쓰지 않는다
>
> …
>
> 그의 유일한 말은 침묵 / 몸짓은 비어 있음
>
> **- 이성선, 「구름」 중에서**

구름이 침묵과 몸짓으로 우리에게 하는 말은 무엇인가? 구름은 우리에게 가볍게 사는 구름 같은 사람이 되라고 한다. 구름은 가벼워서 나무를 밟아도 나무가 아프지 않고(이성선, 「구름」), 큰 몸이 되어 산을 덮어도 산을 해치지 않는다(이생진, 「흰 구름의 마음」), 구름이 땅을 밟으면 땅이 깨끗해지고(이성선, 「구름」), 구름은 바람에 쓸리지만 바람을 사랑하고 하늘에 살면서도 낮은 마을 작은 샛강에 얼굴을 묻고 웃는다(이성선, 「구름」). 구름은 우리에게 구름의 마음으로 웃으면서 나누면서 살라고 한다. 구름은 한번 지나가면 다시 오지 않으니 지난 세월 한탄하지 말고 앞을 보며 살라고 한다. 가벼운 영혼으로 살라고 한다.

> 바람에 정처 없이 떠돌지라도
>
> 한 오리 애착도 남기지 않고
>
> 산산이 부서져 비 되어 떨어져도
>
> 애처로울 것 하나 없는 / 가벼운 영혼이고저
>
> **- 최종진, 「구름」 중에서**

> 내 허물은 얼마나 돼지처럼
>
> 뚱뚱했던가
>
> 난 그걸 인정한다
>
> 내 청춘 꿈과 죄밖에 걸칠 게 없었음을
>
> **- 신현림, 「창」 중에서**

구름은 사랑도 미움도 성냄도 탐욕도 벗어 놓고 가볍게 살라고 한다. 마음을 비우고 애착을 남기지 말라고 한다. 업(業)의 무게를 내려놓고 웃으며 살라고 한다.

구름에 달 가듯이

강나루 건너서 밀밭 길을 / 구름에 달 가듯이 가는 나그네

- 박목월, 「나그네」 중에서

　구름에 달 가듯이 간다는 것은 바람 부는 대로 물 흐르듯이 자연에 맡긴 채 살아가는 자세, 세상사에 얽매이지 않고 아무런 속박 없이 유유자적, 조용하고 편안하게 살아가는 자세를 나타낸다. 이러한 자연친화적, 방관자적 자세(초월과 달관의 자세)는 일제 치하 지식인의 현실도피적인 소극적 저항의 자세이기도 했다. 사람들은 억압적 상황이나 더 나아질 미래가 없다고 생각할 때 현재에 만족하며 달관하는 태도로 살아가기 쉽다. 일본은 고도성장기가 지나고 버블경제가 붕괴되면서 젊은이들이 만족할 만한 수입을 얻고 안정된 고용을 보장받는 것이 어렵게 되었고 청년들은 돈벌이나 출세, 사치, 사랑, 결혼 등에 대한 관심이 줄어들었다. 잃어버린 20년을 몸소 겪으며 자란 세대는 필요 이상의 돈을 벌려고 하지 않고 물질적 풍요, 성공에도 집착하지 않는다. 이들은 마치 깨달음을 얻거나 득도한 것처럼 욕망을 억제하며 살아간다. 쓸 만큼만 벌고 낭비를 억제하고 염가 브랜드와 소소한 취미생활을 즐기며 작지만 확실한 행복(소확행, 小確幸)을 추구한다. 이들은 극도로 현실적이고 냉소적이며 더 나은 미래에 대한 기대가 별로 없다. 이들은 불확실한 미래를 위해 현재의 행복을 유예하지 않는다. 일본의 사토리 세대는 자기계발을 위해 당장의 즐거움과 현재의 행복을 포기하지 않는다. 이들 사토리(일본어 사토루는 깨닫는다는 뜻이다) 세대는 포기를 넘어 깨달음을 얻고 해탈한 세대이다. 이러한 태도는 성숙한 태도이지만 그것은 인생의 희로애락, 간난신고를 다 겪은 노년에나 어울리는 것이지 젊은 세대에게는 어울리지 않는다.

구름에 달처럼 가지 말라 청춘이여

…

없었으면 더욱 좋았을 기억의 비늘들이 / 타다 남은 재처럼 날린대서

미친 사랑의 증거가 저리 남았대서 / 두려운가

- 복효근, 「목련 후기」 중에서

　우리나라에서도 치솟는 집값, 취업난 등으로 불안정한 생활에 내몰리게 된 젊은이들은 사회 경제적 압박으로 스스로를 돌볼 여유가 없기 때문에 사랑, 결혼, 출산을 기피한다. 연애, 결혼, 아이, 인간관계, 내 집 마련의 꿈을 포기한 5포 세대라고도 불리운다. 시인은 초월과 달관은 청춘에게 어울리지 않는다고, 실패와 상처가 두렵다고 해서 도전하지 않는 삶은 인간적이지 않다고 말한다. "분수 같은 열정이 피딱지처럼 엉켜서 상처로 남는다 하더라도 청춘은 열정을 불태워야 한다"고 말한다. 해 보고 실패하는 것이 아예 해 보지 않는 것보다는 낫다. 젊은 날에는 실패한다 해도 만회할 시간이 있다. 젊은 날의 실패와 상처는 귀중한 자산이 되어 미래를 풍요롭게 해줄 수 있기 때문에 젊은이는 실패를 두려워 말고 모험에 나서야 한다. 인생에서 모험이 없다면 위험은 없지만 재미도 없고 발전도 없다.

이슬 같은 인생

나 하늘로 돌아가리라
새벽빛 와 닿으면 스러지는
이슬 더불어 손에 손을 잡고

-천상병

풀잎, 꽃잎, 거미줄에 있는 이슬은 은구슬, 옥구슬, 부지개를 품은 구슬 등 아름다운 존재로 표현되고 있다. 기독교에서 새벽은 신이 일하는 시간이며 하루의 축복은 아침에서부터 시작된다. 새벽이슬은 신의 은혜와 축복이다. 이슬은 풀잎에 맺혔다가 해가 지면 금세 사라진다. 정도의 차이는 있지만 살아 있는 모든 것들은 잠시 이 세상에 머물다가 사라진다. 인생도 마찬가지다. 인생은 아침 이슬과 같다(人生如朝露).

뜬 세상 구름 같고 백년도 꿈이어니

이 가운데 사는 우리 풀끝에 이슬일세

- 경기 민요 「태평가」 중에서

이슬은 해가 떠오르면 힘을 잃고 흔적도 없이 사라져 자연으로 돌아간다. 이슬은 짧은 순간이지만 아름답게 존재하다가 사라진다. 인생이 아침 이슬과 같다면 살아 있음에 감사하고 시간을 아껴서 많이 사랑해야 한다. 비록 짧은 시간이라 할지라도 영롱하게 빛나는 날들이 있었다는 것을 기억할 수 있도록 아름다운 인생을 살아야 한다. 가서 아름다웠더라고 말할 수 있어야 한다.

나 하늘로 돌아가리라

새벽 빛 와 닿으면 스러지는

이슬 더불어 손에 손을 잡고

…

아름다운 이 세상 소풍 끝나는 날

가서, 아름다웠더라고 말하리라

- 천상병, 「귀천」중에서

이슬의 역설

이슬은 있기도 하고 없기도 하다

그렇게 말한다면 이슬의 역설이라 하옵지요

비루를 덜기 위해 저잣거리를 떠났던 자이오나

'참나'의 환영에 속았음을 알게 됐습죠, 참나라니 나 참,

속았으니 냉큼 돌아올 수밖에

- 김선우, 「참나라니, 참나!」 중에서

시인은 나를 초월한 어딘가에 '참나'가 있다고 믿고 세속을 떠나 구도여행을 한다. 그러나 이슬을 보고 '참나'의 환영에 속았음을 알게 된다. 풀잎 위에 맺힌 이슬은 공기 중의 수증기가 찬 물체와 부딪칠 때 응결되어 접촉면에 생기는 것이며 맑은 영혼 같은 영롱한 이슬이 따로 존재하는 것이 아니다.

이슬은 있기도 하고 없기도 하죠

나 아닌 존재와 연결되어야만 내가 되는 영롱함,

나의 밤을 깊이 두드리면 내가 없다는 걸 알게 되는 아침이

드물지만 오기도 합니다

- 김선우, 「참나라니 참나!」 중에서

이슬은 다른 존재와 접촉할 때 생겨나서 반짝이다가 해가 나오면 증발되어 하늘로 돌아가 다시 빗방울로 떨어진다. 따라서 이슬은 있기도 하고 없기도 하다. 나 아닌 존재와 연결되어야 내가 되는 영롱함, 이것이 이슬의 역설이다. 나는 나 아닌 다른 존재와 연결될 때 나의 정체성이 규정된다. 나 역시 아무것도 아닌 존재이며 나는 있기도 하고 없기도 하다. 시인은 아침에 이슬을 보고 나 아닌 존재와 연결되어야 내가 되고 이 세상에서 '나'라고 불리울 만한 것이 없다는 깨달음을 얻는다. '참나'는 제법무아(諸法無我)*라는 깨달음 그 자체이며 공(空, 정해진 모양이 없음)이다.

---

* 제법무아(諸法無我): 이 세상에 존재하는 모든 사물은 인연으로 생겼으며 변하지 않는 참다운 자아의 실체는 존재하지 않는다는 생각을 말한다.

제5장

사물
object

의자가 사람이라면?

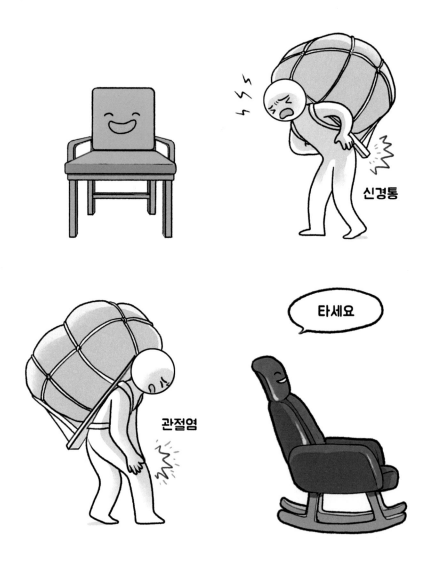

만일 의자가 사람이라면 어떤 사람일까? 시인은 의자에 감정이입을 하여 의자가 되고 의자의 마음으로 생각해 본다.

"의자는 태어나서 한 번도 두 발로 걸어보지 못했고 앉은 채 눕고 앉은 채 걸었다. 한 그루 통나무에서 의자가 될 때까지 수많은 못에 찔렸다(나희덕, 「한 그루 의자」)", "의자에서는 관절마다 나직한 비명이 삐걱거리며 새어나오고(김기택, 「낡은 의자」)", "의자는 등뼈가 쑤시고 신경통과 관절염을 앓고 있다. 세월이 삐그덕 하는 사이 의자는 움직이는 종합병원 신세가 되어 긴 한숨을 몰아쉬고 있다(반기룡, 「빈 의자」)", "의자는 앉아 있는 사람의 몸 아래에 어느 새 먼저 와서 앉아 있는 사람이다(이영광, 「의자」)", "기울어진 의자는 어깨가 시큰거리며 풍 맞아 기우뚱해진 아버지 같다(신미균, 「오래된 의자」)", "비 맞은 의자는 심연에 뿌리를 내리고 더러운 진흙 속에서도 더러움에 물들지 않고 맑은 향기를 내뿜는 연꽃 같은 존재이다. 비 맞은 의자는 낡으면서 완성되는 의자로서 성인의 풍모를 지니고 있다(배한봉, 「비 맞은 의자」)", "흔들 의자는 나를 뒤에서 끌어안거나 둥기둥기 무등을 태우며 밤낮을 앉아서 삐걱삐걱 요람을 흔드는 따뜻한 손길이며 내 몸과 내 맘을 잘 아는 사람이다(유용선, 「의자」)."

의자에는 수많은 종류가 있다. 그렇다면 그 많은 의자의 공통되는 이데아(이상적인 모습)는 무엇일까?

의자의 이데아는
마르고 다정하고
아픈 몸을 한
늙은 신일 것이다.
- 이영광, 「의자」 중에서

산다는 것은 의자를 차지하는 것

의자는 쟁탈의 대상이다. 사람들은 살면서 의자(자리·왕좌)를 차지하기 위해 가족도 죽이고 친구도 죽이고 전쟁까지 치른다. 누구는 처음 태어날 때부터 기름진 땅에 떨어진 씨앗처럼 좋은 의자에 자리 잡고 누구는 자갈밭에 떨어진 씨앗처럼 삐걱거리는 불편한 의자에 자리 잡는다.

산다는 것은 결국
낡은 의자 하나
차지하는 일이었을 뿐
작고 낡은 의자에
한번 앉았다가
일어나는 일이었을 뿐
- 정호승, 「낡은 의자를 위한 저녁기도」 중에서

사람들은 의자를 차지하기 위해, 의자를 빼앗고 부수기 위해 발버둥을 치고, 의자에 앉으려고만 한다. 그러나 스스로 의자가 되어주고 부서진 의자를 고쳐주는 사람도 있다. 시인은 스스로 의자가 되어주고 의자를 고쳐주는 삶을 살고 싶다.

시인의 어머니는 허리가 아프니까 세상이 다 의자로 보인다. 꽃도 열매도 다 의자에 앉아 있는 것이고 인생살이도 적당한 곳에 의자 놓고 자리 잡고 살다 가는 것이니 사이좋게 살라고 하신다.

싸우지 말고 살아라.
결혼하고 애 낳고 사는게 별거냐
그늘 좋고 풍경 좋은 데다가
의자 몇 개 내놓는 거여
- 이정록, 「의자」 중에서

산다는 것은 의자가 되어주는 것

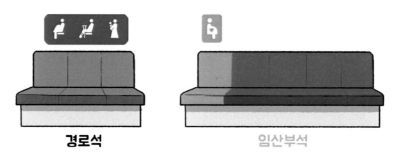

경로석   임산부석

의자는 양보의 대상

똬리의자   **의자는 비워주어야 하는 것**

의자는 쟁탈의 대상이지만 어떤 곳에서는 양보의 대상이다. 의자를 양보하고 의자가 되어주는 사람들이 있기 때문에 세상은 살 만한 곳이 된다. 의자는 엉덩이의 무게 때문에 힘겨워하면서도 고단한 사람을 위한 휴식을 제공하고 편안하게 한다. 의자의 태도는 희생적, 헌신적이다.

시인의 어머니는 아들에게 좋은 의자가 되라고 하신다. 나아가 "꽃도 열매도 다 의자에 앉아 있는 것이니. 참외밭에 지푸라기를 깔고 호박 똬리도 받쳐주어야 한다"고 하신다. "기르는 식물들도 다 식구이기 때문에 의자를 내주어야 한다"는 것이다. 모든 생명체를 배려해야 한다는 어머니의 생각은 삶의 연륜에서 나오는 넉넉하고도 우주적인 마음씨다. 인간은 다른 존재에게 좋은 의자가 될 수 있어야 한다.

> 주말엔 아버지 산소 좀 다녀와라
> 그래도 큰 애 네가
> 아버지한테는 좋은 의자 아녔냐.
>
> - 이정록, 「의자」 중에서

연필의 일생, 연필 같은 사람이 되어라

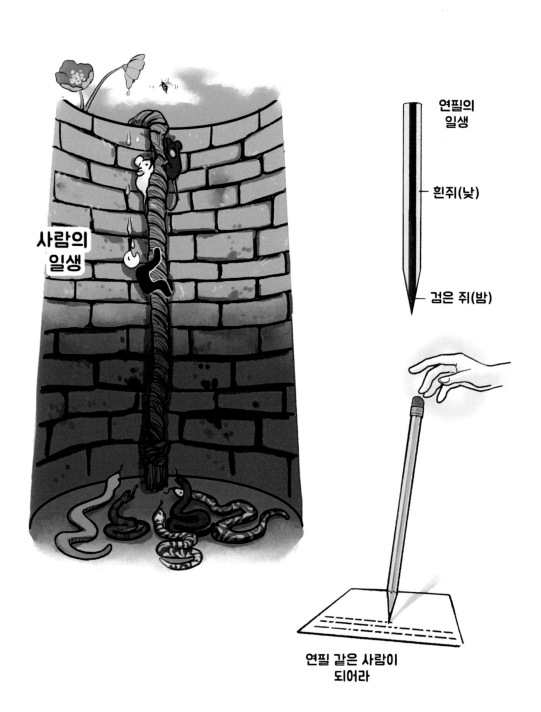

사람의
일생

연필의
일생

흰쥐(낮)

검은 쥐(밤)

연필 같은 사람이
되어라

• 연필의 일생

    인간의 생애는 유한하다. 생명은 날이 갈수록 짧아지고 육체는 쓸수록 닳아진다. 연필은 몸이 다 닳아 없어질 때까지 이야기를 쓰고 마침내 마침표를 찍는다. 이러한 점에서 연필의 일생은 인생과 같다.

쓰면 쓸수록 짧아지는 목숨

흰 쥐와 검은 쥐

시간의 두레박을 갉아 먹는다.

- 지창영, 「연필」 중에서

    시인은 연필의 나무를 흰 쥐, 흑연심을 검은 쥐에 비유하였다.

• 연필 같은 사람이 되어라

    연필을 아끼는 손과 같은 존재가 있다는 것을 명심하라. 가끔은 하던 일을 멈추고 깎아서 더 예리하게 다듬어라. 실수를 지울 수 있는 지우개를 갖춰라. 외피를 감싼 나무보다 그 안의 심을 중시하라(내실을 기하라). 연필이 흔적을 남기듯이 모든 일은 흔적을 남기기 때문에 네가 무슨 일을 하고 있는지 항상 의식하며 살아라.

나는 당신의 살아있는 연필

어둠 속에서도 빛나는 말로

당신이 원하시는 글을 쓰겠습니다.

- 이해인, 「살아있는 날은」 중에서

연필과 연필심

세상에 나가기 전, 후

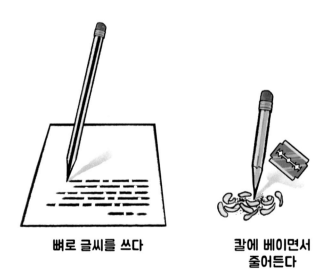

뼈로 글씨를 쓰다

칼에 베이면서
줄어든다

시인은 연필과 연필 속에 들어 있는 검은 연필심(흑연)의 관계를 나무와 씨앗의 관계로 파악한다(유추). 누워 있는 연필은 땅 속의 검은 씨앗이 나무로 길게 자라나 세상과 마주하기 전의 모습이다.

향을 두른 목의(木衣) 속에선
검은 씨앗이 길게 키를 늘이고는
껍질을 벗고
환한 세상과 입맞춤하기 위해
잔뜩 기대에 찬 모습으로 누워 있는데
- 전병철, 「연필」 중에서

씨앗에는 나무의 본성이 내재되어 있다. 사람도 태어날 때 각자의 개성을 가지고 태어난다. 나를 유일하게 해주는 나의 개성이 무엇인가를 알게 될 때 일생의 과업(소명)을 발견하게 된다.

연필을 사람에 비유한다면 나무는 살이고 연필심은 뼈다. 사람이 뼈를 깎는 고통을 겪으면서 뼈 빠지게 일하는 것처럼 연필은 뼈로 일한다.

연필은 언제나 뼈로 글씨를 쓴다.
닳으면 닳는 대로
부러지면 부러지는 대로
…
칼날에 사정없이 깎이는
뼈로 글씨를 쓴다.
- 권오담, 「연필」 중에서

몽당연필

몽당연필

신은 몽당연필로
글씨를 쓴다

연필은 닳고 깎이고 하면서 글씨를 쓴다. 받는 것 없이 주기만 하면서 아프게 깎이며 작아지다가 몽당연필이 된다. 이러한 몽당연필은 대가를 바라지 않고 태어난 소명을 다한 후 깨끗이 소멸한다.

몽당연필은 불완전한 필기도구다. 그러나 불완전한 도구로도 아름다운 글을 쓸 수 있다. 이러한 몽당연필은 시인이 본받고 싶은 대상이다.

> 대가를 바라지 않는 깨끗한 소멸을
> 그 소박한 순명을 본받고 싶다.
> 헤픈 말을 버리고 진실만 표현하며
> 너처럼 묵묵히 살고 싶다.
> 묵묵히 아프고 싶다.
> - 이해인, 「몽당연필」 중에서

신은 작은 몽당연필로 좋아하는 것을 그린다. 시인은 비록 몽당연필과 같이 나이 들고 불완전한 존재지만 하느님의 빛나는 말로 진실만을 표현하며 자신의 소명을 다하는 삶을 살아가겠다고 다짐한다.

화살의 시적 은유

화살을 남기는 사람이 될 것인가
노래를 남기는 사람이 될 것인가

시에서 화살은 정의를 위해 싸우는 병사를 상징한다.

우리 모두 화살이 되어 / 온몸으로 가자.

허공을 뚫고 / 온몸으로 가자.

가서는 돌아오지 말자.

박혀서 … 썩어서 돌아오지 말자.

…

우리 모두 화살로 피를 흘리자.

- 고은, 「화살」

이 시는 정의를 위해 희생하라는 내용으로 다분히 선동적이다. 그러나 정치꾼들은 자신의 목적을 정의라는 이름으로 포장하여 사회적 약자를 동원하고자 한다. 기득권을 타파하고 새로이 권력을 장악하고자 하는 사람들은 스스로 희생하지 않는 경우가 많다.

그들은 현 상태를 공격하는 글과 이미지를 생산하는 지적 노동에 종사하고 대중은 스스로 생각하고 결정할 수 없기 때문에 대중은 그들의 사상적 지도를 받아야 한다고 생각한다. 그들은 대중과 노동자를 위하고 추켜세우는 척하지만 실제로 그들의 운명을 개선하는 데는 별 관심이 없다. 그들은 시위나 투표에서 군중의 힘을 필요로 할 뿐이다.

대중은 그들이 만든 구호를 외치고 그들의 저서를 구입해서 읽고 그들이 만든 단체에 회비를 낸다. 특히 좌파사상의 지도자들은 자녀를 해외에 유학 보내고 호화생활을 하며 그들로부터 선동, 세뇌당한 군중의 사상적 지도자이자 귀족으로서 안락한 삶을 누린다. 대중은 그런 자들에게 말해야 한다. "네가 가라. 네가 먼저 화살이 되어 피를 흘려라. 박혀서, 썩어서 돌아오지 말라"고.

인간의 활동은 증오보다 사랑에 기반을 두어야 하고, 자기중심적 자만심보다는 고귀한 영혼을 갖추어야 한다. 화살은 흉터를 남기고 노래는 아름다움과 온정을 남긴다. 길지 않은 인생살이에서 화살보다는 사랑받는 노래 하나쯤 남기는 사람이 되는 것이 낫지 않겠는가.

공중에 화살 하나를 쏘았으나 땅에 떨어졌네.

내가 모르는 곳에

오랜 세월이 흐른 후 화살을 찾았네. / 한 참나무에서

그리고 노래도 찾았네. / 한 친구의 가슴속에서.

- 롱펠로우, 「화살과 노래」 중에서

모닥불가는 온기를 나누는 곳, 추억이 있는 곳

모닥불가는
온기를 나누는 곳

• 모닥불가는 온기를 나누는 곳

모닥불은 모든 것을 태운다. 가랑잎, 새끼줄, 헌 신발 조각, 헝겊조각, 머리카락, 막대꼬치, 기왓장, 닭깃, 개털, 소똥 등 모든 것이 모여 모닥불을 피워낸다. 모닥불가에는 나그네, 주인, 늙은이, 아이들, 봇장수, 땜쟁이, 큰 개, 강아지 모두가 와서 쬔다(백석, 「모닥불」).

모닥불은 주변에 모여든 모든 사람들을 신분에 관계없이 따뜻하게 덥혀준다. 모닥불은 온갖 모순되고 대립되는 것들을 혼융시키는 용광로 같은 구실을 하였다. 옛날 사람들은 모닥불가에서 온기를 나누고 내가 가진 것을 더 넣어 열기를 피우고 함께 이야기도 하며 밤을 따뜻하게 보냈다.

모닥불가에 모여 체온을 느끼고 함께 온기를 나누던 모습은 어려운 사람들끼리 모여서 서로 의지하며 살아온 우리의 농촌 공동체의 삶을 닮았다. 모닥불에는 우리의 인정, 지혜, 나눔의 정신이 있고 슬픈 역사가 있다.

시인은 제 몸 태워 어둠을 밝히고 주변을 따뜻하게 덥혀주는 모닥불과 같은 존재, 사람들에게 위로와 희망의 메시지를 전하는 사람이 되고 싶다.

내 몸 가지 꺾어 모닥불 피우고 있으마 / 작은 불 주위로 우리 오롯이 모여
헤진 가슴들 온전히 아물게 하소서
우리들 따뜻이 한 곳에 모여 / 그들의 얼굴에 붉은 빛이 돌게 하소서
- 유형, 「작은 모닥불」 중에서

• 모닥불가는 추억이 있는 곳

모닥불은 시냇가에서 나뭇가지를 주워 불을 피우고 기타 소리에 맞춰 함께 노래하던 옛 추억을 생각나게 한다. 시인은 불꽃 같은 머무름이 있던 그 시절로 돌아가 그때처럼 언제나 뜨겁게 살아가고 싶다.

나도 너처럼 끝없이 타오르고 싶다. / 장작불의 순수한 뜨거움이 나였으면 싶다.
…
그대와 그 절정에서 쉬고만 싶다. / 사랑하고 싶다.
- 진놋쇠, 「모닥불」 중에서

사람은 그릇이다

물에 젖고
불에 타야
그릇이 된다

알맞은 그릇이 되어라

사람은 그릇에 비유된다. 성경 창세기에는 하나님이 흙으로 사람 모양을 빚어 코에 생기를 불어넣음으로써 살아 숨 쉬는 생명체가 되었다고 한다. 그릇은 여러 가지 면에서 인간과 비슷하다. 동아시아 문화에서는 대기만성이라고 하여 큰 인물은 오랜 시간의 노력 끝에 만들어진다고 하였다. 그릇은 진흙에 도공이 혼과 땀을 섞어 불에 구워서 유약으로 분칠을 하여 완성한다. 그릇은 흙으로 만들어지고 나중에 흙으로 돌아간다. 그릇은 흙을 물로 반죽하고 불에 구워서 만들어진다. 인간은 눈물에 젖고 불에 타는 시련을 겪으며 성숙하고 나중에 흙으로 돌아간다는 점에서 그릇과 유사하다.

물로 반죽하고 불에 그슬려서
비로소 살아있는 흙
누구나 인간은 한번쯤 물에 젖고 불에 탄다.
- 오세영, 「모순의 흙」 중에서

　모든 사람은 누구나 세상에 둘도 없는 유일한 한 사람이며 우주 만물 가운데 나와 똑같은 사람은 아무도 없다. 사람의 타고난 개성과 능력, 장점은 그 사람이 어떤 그릇인지를 알려준다. 그릇은 크기보다 거기에 어떤 것을 담느냐가 중요하다. 인생도 마찬가지다.

　자신의 빛깔과 향기에 맞는 그릇으로 개성을 발휘하고 소명을 다하여 '알맞는 그릇'으로 세상을 살아갈 수 있다면 인생은 행복할 것이다.

이제 써주십시오 당신의 그릇으로
…
당신의 사랑을 담을 지금 빈 그릇입니다.
가난한 식탁에 올려질 밥그릇이거나
목마른 나그네의 물그릇이면 합니다.
그 뒷날 금간 가슴엔 풀꽃 놓아 주십시오.
- 박옥위, 「그릇」 중에서

큰 그릇과 작은 그릇, 깨진 그릇, 그릇은 모순의 흙

욕심이 적다
도량이 넓다
자신에게 엄격하다
타인에게 관대하다

욕심이 많다
속이 좁다
타인에게 엄격하다
자신에게 관대하다

깨진 그릇은
칼날이 된다

그릇은
모순의 흙

• 큰 그릇과 작은 그릇

사람이 큰 그릇이 되려면 욕심을 비우고 도량이 넓어야 한다. 남에게 너그럽고 자신에게 엄격해야 한다. 작은 그릇은 욕심이 많고 남에게 엄격하고 자신에게 관대하다. 소인배들은 남의 허물을 크게 보고 작은 허물에도 달려들어 박살을 낸다. 특히 사회주의 운동권 세력은 자기들이 '사회정의를 위하는 사람들'이라는 착각과 오만에 빠져 그들의 모든 행위에 면죄부를 부여한다. 그들의 성추행, 뇌물, 거짓말, 폭행, 경력위조, 부동산 투기 등은 잘못이 아니라 정의를 위한 투쟁과정에서 있을 수 있는, 정당한 목적을 달성하기 위한 수단으로서 행해진, 불가피한 사건이라는 것이다.

• 깨진 그릇

그릇은 불길을 이겨내고 잘 다듬어져 둥글게 균형을 갖춘 모습을 갖추고 있다. 도자기에는 절제와 균형이 있다. 이것이 깨어지면 칼날이 되어 사람을 찌른다.

깨진 그릇은 / 칼날이 된다. / 무엇이나 깨진 것은 / 칼이 된다.
- 오세영, 「그릇」 중에서

사람도 절제와 균형을 잃게 되면 깨어져 모가 나게 되고 위협적인 존재가 된다. 모나고 삐뚤어진 인성을 가진 사람들은 사람을 공격하고 사이비종교나 유해한 사상에 빠져 왜곡되고 편향된 생각을 강요하기도 한다.

• 그릇은 모순의 흙

흙으로 빚어진 그릇은 언젠가 깨져서 흙으로 돌아간다. 인간도 언젠가는 죽는다. 그러나 시인은 그 깨어짐이 완성이 되는 절대적 파멸을 추구한다.

하나의 접시가 되리라 / 깨어져서 완성되는 / 저 절대의 파멸이 있다면
흙이 되기 위하여 / 흙으로 빚어진 / 모순의 흙, 그릇
- 오세영, 「모순의 흙」 중에서

흙으로 빚어진 그릇은 흙으로 돌아간다. 만물은 유전한다. 생명 역시 순환하고 삶과 죽음은 양면적이다. 언젠가는 죽을 수밖에 없다면 탐욕, 시기, 질투, 자만심 등 지난날의 불순물을 모두 불꽃으로 녹여버리고 깨끗한 도자기를 구워내는 마음으로 살아가자.

거울의 양면성

자아성찰

왜곡, 오해, 단절

거울은 있는 그대로의 모습을 생긴 대로 비춰준다는 점에서 진실하다.

<blockquote>
언제나 진실을 비추어주는

삶의 동반자 / 순리의 증인

- 김관영, 「거울」 중에서
</blockquote>

사람들은 남들에게 보이지 않는 약점도 거울에게는 보여준다. 거울은 몸을 비추어주어 단정하게 만들고 마음가짐도 다듬게 한다는 점에서 자아성찰의 도구가 되고 거울을 닦는 행위는 자아성찰을 위한 치열한 노력을 상징적으로 나타낸다.

<blockquote>
파란 녹이 낀 구리 거울 속에

내 얼굴이 남아 있는 것은

어느 왕조의 유물이기에

이다지도 욕될까.

…

밤이면 밤마다 나의 거울을

손바닥으로 발바닥으로 닦아보자.

- 윤동주, 「참회록」 중에서
</blockquote>

한편 거울은 사물의 좌우를 거꾸로 비춰주고 가까이 있는 것을 멀리 보이게 한다는 점, 또한 거울 속에는 소리가 없고 거울 속의 사물을 만져볼 수 없다는 점 때문에 왜곡과 오해의 원인이 되고 진정한 자아와의 단절감을 느끼게 한다.

<blockquote>
거울 속에도 내게 귀가 있소

내 말을 못 알아듣는 딱한 귀가 두 개나 있소

거울 속의 나는 왼손잡이오

내 악수를 받을 줄 모르는 - 악수를 모르는 왼손잡이오

…

나는 거울 속의 나를 근심하고 진찰할 수 없으니 퍽 섭섭하오

- 이상, 「거울」 중에서
</blockquote>

일제 치하에서 시인은 진정한 자아를 찾지 못하고 거울 속에서 낯선 타자를 만나게 된다. 억압적 상황과 현대문명의 속도전쟁 속에서 불안한 현대인 역시 자아분열과 혼란을 경험하게 된다.

거울의 이면

거울 앞 거울 뒤

추악한 거짓

아름다운 진실

거울은 모든 것을 비춰주지는 못한다. 빛이 있는 데서만 비춰주고 각도가 맞아서 거울에 비치는 것만 보여준다. 거울이 보여주는 것은 2차원 평면에 모사된 순간적 이미지일 뿐이고 우리는 그 진정한 실체를 볼 수 없다.

너무 밝아서 천박하다
깊이 없는 다변처럼
아는 만큼 모르는 거울
비추는 만큼 캄캄한 거울
돌아서는 순간 잊어버리는
거울이 운다. 등 돌리고 운다.
…
거울의 등을 본 자
아무도 없다.
- 정병근, 「거울 1」 중에서

현대사회에는 현실을 대체하는 모사된 이미지(시뮬라크르)가 넘쳐나고 있다. 대중매체와 복제기술의 발달로 이미지가 대량생산되고 있어 이미지의 홍수 속에서 우리는 실재를 잘 볼 수 없다. 우리가 보는 것은 실재가 아니라 미디어에 의해 만들어진 이미지가 대부분이며 우리는 그 참모습을 알 수 없다. 방송은 편파적 편집과 과다한 스토리텔링으로 특정 인물을 미화하여 대중의 스타로 만들기도 하고 악마로 만들기도 한다. 가짜가 진짜를 압도하고 현실을 왜곡하여 사람을 속인다. 깨진 거울에 비친 모습을 보는 사람은 사물의 모양이 원래 꺾여 있었던 것이라고 생각하기 쉽다. 상업주의의 시뮬라크르에 갇혀 사는 현대인은 진정한 현실을 인식하기 어렵다.

깨진 거울을 바라보는데
갑자기, 주황빛이 번쩍 한다.
…
주황빛이 날아간 하늘 쪽을 올려보니
노을 참 붉다.
- 이성이, 「깨진 거울을 바라보며」 중에서

깨진 거울(미디어에 의해 조작되고 왜곡된 가짜 현실)에서 눈을 돌려 바른 마음으로 현실을 바라보면 아름다운 저녁노을(진실)을 볼 수 있다.

마음 관리, 사랑 관리

거울을 닦자

백화점에는
거울이 많다

카지노에는
거울이 없다

거울은 몸을 비춰준다. 그런데 거울을 깨끗하게 닦아주지 않으면 먼지가 끼고 우리는 거울 앞에서 희미한 존재가 된다. 거울은 밝게 빛나도록 깨끗하게 닦아주어야 한다. 마음도 거울과 마찬가지다. 헛된 생각으로 양심과 분별력이 흐려지지 않도록 깨끗하게 닦아주어야 한다.

어긋난 관계들의 회복을 위해
사랑하는 법을 배우기 위해
마음의 거울을 닦는다.
- 이연숙, 「마음의 거울」 중에서

소비사회는 반성의 부재, 자신에 대한 시각의 부재를 초래한다. 장 보드리야르는 "현대의 소비사회에서는 나를 비추어주는 거울은 사라지고 쇼윈도우화된 세상에서 개인은 자신을 비춰 보는 것이 아니라 대량의 기호화된 사물을 응시할 뿐이다"라고 하였다.

백화점에는 거울이 많다. 항상 모습을 비춰 보고 불만을 되도록 많이 가지고 천천히 가면서 비교해 보고 더 구매하라는 것이다. 카지노에는 거울이 없다. 도박에 열중하되 도박하느라 초췌한 자신의 모습을 보지 말라는 것이다. 현대사회에서는 마음의 때가 쌓이기 쉽다. 마음속의 소중한 기억, 아름다운 모습도 흐려지기 쉽다.

대중가요에서 "사랑은 유리 같은 것(최명섭 작사)"이라고 하였듯이 유리로 된 거울은 깨지기 쉽고 이물질이 끼어 흐려지기 쉽다. 사랑도 거울처럼 먼지가 끼지 않도록 매일 깨끗하게 닦아주어야 한다. 유리를 깨끗이 닦으면 맑은 유리에 푸른 하늘이 비치고 흰 구름이 눈부시다(정원석, 「흰 구름」). 이처럼 사랑도 맑고 아름답게 빛이 나도록 잘 관리해주어야 오래 유지된다.

사랑은 끝없이 다듬고 보살펴야 할 내 자신과의 약속
오늘도 나는
햇볕으로 소독한
하얀 수건을 걷어
뽀드득 뽀드득
소리가 즐겁도록
거울을 닦습니다.
- 홍수희, 「거울을 닦으며」 중에서

밥에 대한 예의

쌀에는 햇빛, 비, 바람, 흙, 농부의 땀, 식물학자의 연구 등 모든 것이 들어 있다. 밥 한 숟가락에 온 세상이 들어 있으니 쌀은 곧 우주라고 할 수 있다. 특히 쌀을 주식으로 하는 우리에게 산다는 것은 곧 밥 세 끼를 챙겨 먹는 일이며 쌀은 곧 생명이다. 이 때문에 우리는 밥을 남기거나 버리는 것을 금기시해 왔고 쌀을 소중히 여기도록 교육받아 왔다.

천천히 씹어서 공손히 삼켜라.

…

주님을 모시듯 밥을 먹어라.

…

그렇게 남기고 버려 버리면
생명이신 주님을 버리는 것이니라
사람이 소중히 밥을 대하면
그게 예수 잘 믿는 거여

- 이현주, 「밥먹는 자식에게」 중에서

쌀에는 많은 생명이 깃들어 있고 많은 사람의 수고와 정성이 들어 있다. 밥을 먹는다는 것은 자연의 은총을 받는 것이고 농부의 고단함, 아버지의 수고, 어머니의 정성을 먹는 것이니 밥을 먹을 때는 경건한 태도로 감사하게 먹어야 한다. 밥을 소중히 대하는 것은 신앙인처럼 믿음을 가지고 감사하며 경건하게 사는 것과 같다.

배고팠던 시절 우리는 언제나 쌀 걱정하시던 어머니 모습을 보아 왔고 많은 자식들을 먹여야 하는 어머니는 밥이 무서웠다. 그러나 오늘날은 밥 이외에도 빵, 고기, 라면, 쌀국수, 피자, 스파게티 등 배를 채울 수 있는 것이 많다. 요즘 아이들은 쌀이 어떤 힘든 과정을 거쳐 우리 식탁에 오르는지 모른다. 풍요로운 시대를 살고 있는 사람들은 오히려 밥을 기피하기도 한다.

밥을 무서워하던 젊은 어머니는
어느 새 팔순 노인이 되어
자식들 먹을거리 투정을 보면서
말씀하신다.
그렇게 밥이 무섭냐?

- 조미애, 「밥이 무섭냐?」 중에서

밥을 함께 먹는다는 것의 의미

식탁은 명작이다

희생제물

밥을 함께 먹는다는 것은 끼니를 해결한다는 것 이상의 다양한 의미를 내포하고 있다. 그것은 우정, 친밀함을 나타내는 동시에 정을 나누는 행위다. 식사를 대접하는 것은 환대, 공경, 정성을 의미한다. 어머니는 먼 객지에 있다가 잠깐 집에 들른 자식에게 더운 밥 한 끼 못 해먹이고 보낸 것이 한이 되어 남는다. 예수가 천한 신분의 죄인들과 함께 식사를 하였다는 것은 그들을 예수와 동등한 사람으로 인정하고 위로와 은총을 베풀었다는 뜻이다. 밥상(식탁)을 함께 하는 것에는 사랑, 온정, 다정함, 연민, 공감 등 인간성의 온갖 좋은 것들이 다 들어 있다. 그렇다면 식탁은 불후의 명작이다.

이 평범한 한 끼 식탁이 식구의 하루를 밝힐 때
밥상은 불후의 명편
식탁은 불멸의 명작 한 편이다.
- 이기철, 「식탁은 불후의 명작 한 편이다」 중에서

식탁에 오르는 모든 것은 죽어 있다. 우리는 다른 생명의 희생 덕택에 식탁의 즐거움을 누린다. 밥상을 받는다는 것은 희생 제물을 받는 것일 뿐 아니라 음식을 준비한 사람의 정성, 농부의 수고, 자연의 은총을 받는 것이니 경건한 태도로 감사하는 마음으로 받아야 한다.

나는 언제나 무릎 꿇고
받았느니라, 두손으로
남도 평야를

…

솟아나는 태양을 받았느니라
중천에 뜬 태양을 받았느니라
피어오르는 저녁놀을 받았느니라
- 조태일, 「밥상 앞에서」 중에서

두레밥상, 세상의 밥상

어머니의
밥상

세상의 밥상

• 두레밥상

가족이 함께 하는 식사 시간은 대화와 정이 오가는 시간이고 사랑이 꽃피는 시간이다. 식구들은 밥상 앞에서 재미있는 이야기를 하고 고민을 털어놓고 문제점을 의논하기도 한다. 밥상머리에서는 칭찬과 격려, 교육이 이어진다. 가족끼리 식사를 함께 하는 가정의 어린이는 그렇지 않은 어린이에 비해 언어사용 능력과 사회성이 뛰어나고 학습 능력도 우수하고 성격도 긍정적이고 안정감을 갖춘다고 한다. 어머니가 차려준 밥상머리에는 사랑과 진정한 나눔이 있다.

> 어머니의 두레밥상은 어머니가 피우시는 사랑의 꽃밭
> 내 꽃밭에 앉는 사람 누구든 귀하지 않겠느냐
> …
> 어머니에게 두레는 모두를 귀히 여기는 사랑
> **- 정일근, 「둥근, 어머니의 두레밥상」 중에서**

• 세상의 밥상

세상 사람들은 한 끼 밥을 차지하기 위해서, 또는 자기 밥그릇을 지키기 위해, 남의 밥그릇을 빼앗기 위해 치열하게 싸운다. 시인의 눈에 비친 세상의 밥상은 이전투구의 아수라장이다.

> 우리는 이미 날카로운 밥통을 가진 짐승으로 변해버렸다.
> 밥상에서 밀리면 벼랑으로 밀리는 정글의 법칙 속에서
> 나는 오랫동안 하이에나처럼 떠돌았다.
> 짐승처럼 썩은 고기를 먹기도 하고, 내가 살기 위해 / 남의 밥상을 엎어 버렸을 때도 있었다.
> **- 정일근, 「둥근, 어머니의 두레밥상」 중에서**

요즘 사람들은 너무 바빠서 혼밥을 하는 사람들이 많다. 혼밥을 하는 사람은 남의 의견을 들을 기회가 없고 독선적으로 되기 쉽다.

우리는 거리나 광장에서 내 밥그릇을 지키기 위해 또는 남의 밥그릇을 빼앗기 위해 악다구니를 쓰는 사람들의 모습을 흔히 볼 수 있다. 시인은 둥글게 새끼 제비처럼 둘러앉아 어머니가 골고루 나눠주시는 고기반찬 받아먹던 어린 시절을 회상하며 진정한 사랑과 나눔이 있는 세계로 돌아가고 싶다.

여러 가지 밥

더운 밥

찬밥

고봉밥

솥밥

난 배부르니
너희들 먹어

남긴 밥

찬밥은 외면당하는 것, 외로운 것을 나타낸다. 찬밥은 열무 삼십 단을 이고 시장에 팔러 나간 어머니를 기다리던, 가난하고 외로웠던 시인의 어린 시절을 생각나게 하는 소재다.

나는 찬밥처럼 방에 담겨 / 아무리 천천히 숙제를 해도
엄마 안 오시네, 배추잎 같은 발소리 / 타박 타박 안 들리네
- 기형도, 「엄마 생각」 중에서

한편 찬밥은 가족을 위해 고생하던 외로운 어머니의 사랑과 희생을 떠올리게 한다.

가족에겐 따스한 밥 지어먹이고
찬밥을 먹던 사람
이 빠진 그릇에 찬밥 훑어
누가 남긴 무조각에 생선가시를 핥고
몸에서는 제일 따스한 사랑을 뿜던 그녀
- 문정희, 「찬밥」 중에서

사람들은 누구나 더운 밥을 먹으려고 한다. 어머니는 자식에게 더운 밥 못 먹인 것이 한이 되고 어떤 이들은 한 그릇 더운 밥을 먹기 위해 마음에 없는 말을 하고 남을 속이고 양심을 포기한 대가를 받고 살아간다.

한 그릇의 더운 밥을 먹기 위하여
나는 몇 번이나 죄를 짓고
몇 번이나 자신을 속였는가
- 장석주, 「밥」 중에서

고봉밥은 일 잘하는 일꾼이 먹는 밥, 물렁 무밥은 늙은이가 먹는 밥, 한솥밥은 한 식구가 먹는 밥, 찬밥은 외톨이가 먹는 밥, 꽁보리밥은 먹고 돌아서면 배고파지던 밥이다.

가난하고 배고팠던 시절 어머니는 늘 "나는 배 안 고프다"고 해서 어머니의 밥은 늘 남아돌던 밥이다(이무원, 「밥」).

자연은 쌀 한 톨, 밥알 하나도 남기지 않는다. 개미가 물어 가고 미생물이 분해하여 자연으로 돌려보냄으로써 지구의 에너지를 순환시킨다.

제6장

인간
human being

사랑은 모순적이다

달콤한 기쁨

처절한 슬픔

愛 憎
사랑은 미움과 함께 한다

묵직한 가벼움

차디찬 불

병든 건강

눈떠 있는 잠

사랑은 달콤한 기쁨이자 처절한 슬픔이다.

누군가를 사랑할 때 가슴은 희망으로 채워지고 삶의 의욕이 샘솟는다.

> 문득 그대를 생각하면 나는
> 천국의 문 앞에서 노래 부르는 종달새
> 내 운명 제왕과도 바꾸지 아니하리라.
> - 셰익스피어, 「소네트 20」 중에서

그러나 사랑은 슬픔과 한숨이라는 대가를 치러야 하고 허기와 갈증, 괴로움을 주기도 한다.

> 마음으로 주는 사랑은 늘 대가를 치르는 법
> 그것은 셀 수 없는 한숨과 끝없는 슬픔에 팔린다.
> - A.E 하우스먼, 「내가 스물한 살이었을 때」 중에서

사랑은 아름다우나 위험하기 때문에 병을 주고 약도 준다.

> 오, 묵직한 가벼움이여 진실한 허영이여
> 겉으로 근사하나 꼴사나운 혼란
> 납으로 된 깃털, 빛나는 연기
> 차디찬 불, 병든 건강이로구나
> 늘 눈떠 있는 잠, 분별 있는 미치광이
> 숨 막히게 하는 쓴 약, 생명을 주는 영약
> - 셰익스피어, 「로미오와 줄리엣」 중에서

사랑은 늘 미움과 함께한다. 좋았다가 벗어나고 싶고, 멀어지면 그리워지고 야속해진다. 죽도록 사랑하기 때문에 죽도록 미워한다. 사랑했던 사람들은 애증(愛憎)의 강을 건넌 후 사랑했던 날보다 미워했던 날들이 더 많았음을 뒤늦게 후회하기도 한다.

사랑은 무질서하고 복잡한 감정이고 이성적으로 재단할 수 없는 모순덩어리다.

사랑은 영원하지 않다

사랑은 영원하지 않다

사랑의 열정은 식어서 우정과 동지애로 바뀐다

정열의 대상을 사랑했다고 할 수 있는가?

방금 두사람은
재회했으면서도
서로를 알아보지도 못 하였다. 모든게 신들의 장난이고,
어느새 그들에게 남은 것은 늙은 모습뿐이었다...
이 나이를 먹은 뚱뚱한 원주민 여자를 도대체 무엇 때문에 그토록
열렬히 사랑했던가...?
〈서머싯 몸 -The Red-〉

수많은 연인들은 사랑을 고백하고 영원한 사랑을 맹세한다. 그러나 그것은 그 순간의 감정을 약속한 것이며 겉으로의 영원을 약속한 것뿐이다. 사람은 어떤 행위를 하겠다고 약속할 수는 있으나 감정은 약속할 수 없는 것이다. 감정은 상대방에게 어떤 잘못이 없더라도 나도 모르게 자연스럽게 변하기 때문이다.

누군가에게 영원한 사랑을 맹세했을 때
그것은 겉으로의 영원을 약속한 것뿐이다.
사랑하는 사람들이여
섣불리 영원이라고 말하지 말라.

- 니체, 「약속」 중에서

시간은 끊임없이 흘러가고 우리의 육체와 의식은 늘 변하고 있다. 특히 감정은 우리의 의지대로 움직이지 않는다. 따라서 섣불리 영원을 약속하지 말라는 것이다.

사랑이 시작될 때는 끌림이 모든 것을 덮어주어 상대의 단점이 보이지 않지만 시간이 지나면서 비판적 시각이 작동하여 열정이 식게 된다. 시간은 정열의 적이다. 사랑의 마법은 시간과 함께 사라지고 사랑의 성스러움은 진부함이 되어버린다. 사랑과 정열은 그 당시의 감정이 평생 지속된다고 하기보다는 그것이 끈끈한 유대관계로 이어져 우정, 동지애 같은 관계로 변모하여 서로 배신하지 않는 깊은 신뢰관계를 형성한다. 열정은 식었지만 저녁노을처럼 늦게까지 가슴을 적시는 사랑, 서로 기대어 유유히 바다에까지 이르는 강물 같은 사랑, 이것도 역시 아름다운 것이다.

어떤 사람들은 한번 빠진 사랑을 평생 지속하는 것이 진정한 사랑이라고 생각한다. 또 어떤 사람들은 새로움과 떨림이 사라지고 관성에 따라 진부하게 살아가는 삶을 거부하고 매 순간 새로이 솟아나는 사랑을 추구한다. 어떤 사랑을 하고 어떤 인생을 살아갈 것인가 하는 것은 각자의 가치관에 따른 선택의 문제이다.

사랑은 거리를 두는 것

사랑은 거리를 두는 것

**사랑은 마주보는 것이
아니라 같은 방향을
바라보는 것이다**

和而不同

동행

**간격을 유지 한채
끝까지 간다**

현악기의 줄들은 따로 떨어져 있기에 아름다운 화음을 울리고 사원의 기둥들은 서로 떨어져 튼튼한 건물을 떠받치고 있다. 숲에서는 나무와 나무 사이에 간격이 있기 때문에 서로 그늘을 드리우지 않고 바람이 통할 수 있게 해주기 때문에 울창한 수림을 이룰 수 있다. 진정한 사랑은 이처럼 사랑하되 거리를 두고 서로를 구속하지 않는 것이다.

함께 있되 거리를 두라

하늘의 바람이 너희 사이에서 춤추게 하라

영혼과 영혼의 땅 사이에 출렁이는 바다를 두어서

함께 노래하고 춤추며 즐거워하되

서로 혼자 있게 하라

서로 가슴을 주되 가슴 속에 묶어두지 마라.

- 칼릴 지브란, 「함께 있되 거리를 두라」 중에서

화이부동(和而不同, 차이를 갖되 같아지지 않는다)은 나와 다른 것을 존중하면서 조화를 이루는 공존의 원리이다. 타인은 나와 다른 개성을 가지고 있기 때문에 매력이 있고 나의 부족함을 채워줄 수도 있다. 사랑에서는 결속을 추구하는 일 못지않게 어느 정도의 거리를 유지한 채 각자의 개성을 확보하는 일도 중요하다. 차이를 없애고 상대를 나의 세계로만 끌어들이려고 하는 것은 타자의 방식을 부정하고 자신만의 행복을 추구하는 폭력적 사랑이다. 성숙한 사랑은 자신의 개성을 유지하는 상태의 합일이며 사랑은 마주 보는 것이 아니라 같은 방향을 바라보는 것이다.

사랑은 소비상품

사랑은 소비상품

자본주의 사회는 끊임없이 욕망을 자극하고 모방과 충동적 소비를 부추긴다. 속도가 경쟁력이 되고 모든 것이 대량생산되고 컴퓨터와 인터넷을 통해 연결되는 세상에서는 사랑의 방식도 변한다. 사랑의 감정도 이제는 시장의 문화형식과 언어를 받아들이게 되었고 사랑은 오늘날 인기 있는 소비재, 즉시 구입할 수 있는 소비상품이 되었다.

> 우리들은 모두 사랑이 되고 싶다. / 끄고 싶을 때 끄고, 켜고 싶을 때 켤 수 있는 / 라디오가 되고 싶다
> - 장정일, 「라디오와 같이 사랑을 끄고 켤 수만 있다면」 중에서

모든 것을 쉽게 구할 수 있고 속도가 경쟁력이 되는 세상에서 현대인의 삶은 즉석적으로 변하였다. 사랑마저도 소비 대상으로 된 세상에서 사람들은 버튼을 누르면 쉽게 해결되는 것 같은 사랑, 쉽게 만나고 쉽게 헤어지는 가벼운 관계, 돈을 내고 편하게 접속하고 서로 부담을 주지 않는 쿨한 사랑을 원한다.

사랑은 오늘날 인기 있는 소비재로서 사랑을 소재로 한 스토리, 성적 매력을 발산하는 향수, 발렌타인데이의 초콜릿, 화이트데이의 사탕, 발기부전 치료제, 애인대행 상품 등 수많은 사랑 관련 상품이 거래되고 있다. 결혼정보업체나 만남 알선 사이트는 조건이 맞고 위험 없는 사랑, 기다림과 정성으로 시간을 낭비하지 않는 편리한 사랑, 고통은 없고 달콤한 쾌락만 있는 사랑을 찾으라고 유혹한다. TV와 패션잡지, 광고는 매력이 있는 사람이 되어 사랑을 잡으라고 하고, 휴대폰에 사랑을 저장하고 필요할 때마다 꺼내 쓰라고 한다.

> 사랑을 저장하는 법이 이십일세기 초에 발견되고 / 사람들의 삶은 변하였다. 아니, 모든 것이 바뀌었다.
> 기업에서 다양한 품질과 가격대에 사랑을 판매하고 광고하기 시작했다.
> 초기에 핸드폰에 여러 사랑을 저장해 다니다, / 필요에 의해 꺼내 쓴다는 것이,
> 세상에 어떤 변화를 줄 것인지, 개발자들도 몰랐다 한다.
> - 신승우, 「라이덴병」 중에서

현대 자본주의 사회는 '소비하는 사람들'을 원한다. 이러한 사회에서는 진정한 사랑이 사라지고 사이비 사랑이 자리를 차지한다. '사랑하는 자'는 '소비하는 자'로 바뀌었다. 속도문명의 시대, 쉽게 쓰고 버릴 수 있는 물건처럼 사랑의 지속시간은 짧아지고 열정과 낭만, 긴장과 설레임, 그리움, 사랑이 발효되는 시간은 줄어들었다.

> 헛된 사랑은 눈에서 생겨난다. / 그것은 바라보는 눈초리를 먹고 자라나 / 금세 그 요람에서 죽어버린다.
> - 셰익스피어, 「베니스의 상인」 중에서

이별을 대하는 자세

이별을 대하는 자세

**실눈으로
볼것**

만남은 언제나 헤어짐을 기약하고 있다. 영원히 함께할 것 같은 사람에게도 이별의 시간은 어김없이 찾아온다. 사람들은 이별을 아쉬워하고 지나간 시간을 추억하고 그리워하며 눈물짓기도 하지만 그 과정을 반복하다 보면 세상사는 계속되는 만남과 이별의 순환 과정에 있다는 것, 모든 것은 오래 머물지 않기 때문에 아름답다는 깨달음을 얻게 된다. 이별이 자연의 섭리라는 깨달음을 얻었다면 이별을 대하는 자세가 달라진다.

우리는 떠나는 길을 아름답게, 밝게 비추어 주는 자세와 이별을 담담하게 받아들이고 떠난 사람의 크나큰 사랑을 기억하는 자세를 가져야 할 것이다.

그대 떠나는 곳 / 내 먼저 떠나가서

나는 그대 뒷모습에 깔리는

노을이 되리니

…

내 그대 위해 노래하는 별이 되리니

- 정호승, 「이별노래」 중에서

너 내게서 떠나는 날

꽃이 피는 날이었으면 좋겠네.

… 새하얀 꽃등 밝히듯 그런 봄날이었으면 좋겠네.

- 나태주, 「목련꽃 낙화」 중에서

떠나고 싶은 자 / 떠나게 하고

잠들고 싶은 자 / 잠들게 하고

그리고도 남은 시간은 침묵할 것

…

쉽게 꿈꾸지 말고 / 쉽게 흐르지 말고 / 쉽게 꽃피지 말고

그러므로 / 실눈으로 볼 것

가장 큰 하늘은 언제나 그대 등 뒤에 있다.

- 강은교, 「사랑법」 중에서

잠시 동안 허락된 사랑의 기쁨과 고통이 지난 뒤에는 조용히 침묵하는 것 외에는 다른 도리가 없다. 이별을 담담한 자세로 받아들이고 떠난 이의 빛나는 큰 사랑(등 뒤의 하늘)을 실눈 뜨고 본다. 떠난 사람은 떠나보내고 떠난 이의 크나큰 사랑을 기억하고 침묵해야 한다.

회자정리/거자필반, 낙화에서 얻는 깨달음

아름다운
이별

會 者 定 離

去 者 必 返

• 회자정리/거자필반

만남에는 헤어짐이 정해져 있고(會者定離, 회자정리), 떠남이 있다면 반드시 돌아옴이 있다(去者必返, 거자필반).

낙화는 만남과 헤어짐이 필연적이고 순리라는 깨달음을 준다. 사람들은 화창한 봄날에 핀 꽃의 아름다움을 찬양하지만 떨어지는 꽃잎을 보며 그 아름다움이 너무 짧은 것을 아쉬워하고 슬퍼한다. 아름다움은 얼마 못 가 서러움이 되고 꽃 지는 봄밤은 못내 서럽다. 그러나 꽃이 가지를 떠나야 잎이 무성해지고 열매와 씨를 맺는다. 열매가 떨어진 후 이듬해 봄에는 다시 꽃이 핀다. 꽃이 지는 것은 끝이 아닌 새로운 시작이며 슬픈 일이 아니라 세상의 순리다.

> 가야할 때가 언제인가를
> 분명히 알고 가는 이의
> 뒷모습은 얼마나 아름다운가
> 분분한 낙화⋯
> 결별이 이룩하는 축복에 싸여
> 지금은 가야할 때
> - 이형기, 「낙화」 중에서

• 낙화에서 얻는 깨달음

낙화는 열매와 씨를 맺고 이듬해의 꽃을 피우기 위한 필수적인 과정이고 계속 반복되는 수많은 만남과 이별의 순환 과정의 일부일 뿐이다. 꽃이 지는 것은 순리이며 모든 것은 항상 변화하는 과정에 있다. 꽃이 지는 것은 죽는 것이 아니라 살기 위한 것이며 생명이 순환하는 무상한 세계에서의 일시적 현상에 불과하다. 모든 것은 오래 머물지 않아서 아름답고 그리운 것이니 어찌 떨어지는 꽃잎을 보고 슬퍼하겠는가.

꽃이 지는 것은 떠나야 할 때 떠나는 아름다운 이별이다. 인생도 아름다운 이별을 준비해야 한다. 꽃답게 살고 꽃답게 죽을 것.

눈물은 보석이다

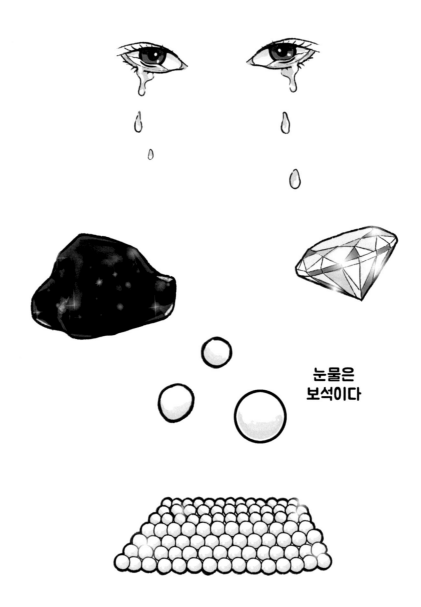

**눈물은
보석이다**

흑연과 다이아몬드는 같은 탄소로부터 났으나 결합방식이 다르다. 흑연은 땅속 깊은 곳에서 높은 온도와 압력을 견뎌야 다이아몬드라는 단단하고 빛나는 결정체가 될 수 있다. 인생사도 마찬가지다. 사람도 시련을 겪고 잘 다듬어져야 단단해져서 광채를 낼 수 있다. 시련을 겪지 않은 사람, 눈물 젖은 빵을 먹어보지 않은 사람은 인생의 쓰라림과 고뇌를 모르고 타인의 고통을 이해할 수 없다. 한 사람의 인생의 깊이는 그 사람이 흘린 눈물의 양에 비례한다.

과일과 곡식도 비바람을 겪어야 알알이 영글어 풍성한 결실을 얻을 수 있고 인간도 좌절과 절망을 겪은 후에 단단한 보석이 될 수 있다. 눈물은 기쁨을 위한 보석이 된다.

네 눈물은 탄광 속에 아른거리는 생명의 불꽃
다이아몬드 날개를 가진 것 같다.

- 김승희, 「눈물의 노래」 중에서

한국의 전통가요에서는 눈물을 진주로 표현하기도 한다.

눈물이 진주라면 눈물이 진주라면
행여나 마를세라 방울방울 엮어서
그 님 오실 그날에 진주방석 만들 것을

- 김양화, 「눈물이 진주라면」 중에서

눈물은 거름이다, 눈물은 생명의 불꽃이다

눈물은
거름이다

눈물은
생명의 불꽃

共感
憐憫

눈물
공감+연민+사랑

• 눈물은 거름이다

　사람은 좌절과 절망을 겪으면서 눈물이 알알이 여물어 결실을 거둔다. 상처로 인해 울었던 날들, 좌절과 절망의 세월은 거름이 되어 나중에 성공과 희망의 꽃을 피운다.

　　　　　　　　　　슬픔만한 거름이 어디 있으랴.
　　　　　　　　　　　　　　- 허수경

• 눈물은 생명의 불꽃이다

　눈물이 있다는 것은 타인의 슬픔을 알고 공감할 수 있는 능력이 있다는 것이다. 눈물 없는 세계, 슬픔과 연민을 느낄 수 없는 세계는 황량한 사막과 같은 곳이다. 눈물은 황량한 세계를 촉촉하게 적셔주어 세상에 생명력을 부여한다. 눈물은 생명의 불꽃이다. 눈물과 슬픔을 아는 사람만이 타인의 아픔에 대해 공감할 수 있고 사랑을 베풀 수 있다.

　　　　　　　　나는 이제 너에게도 슬픔을 주겠다.
　　　　　　　　사랑보다 소중한 슬픔을 주겠다.
　　　　　　　　겨울밤 거리에서 귤 몇 개 놓고
　　　　　　　살아온 추위와 떨고 있는 할머니에게
　　　　　　귤 값을 깎으면서 기뻐하던 너를 위하여
　　　　　　　　- 정호승, 「기쁨이 슬픔에게」 중에서

　슬픔을 주겠다는 것은 협박이 아니라 눈물을 모르는 무정한 사람들, 공감 능력이 결여된 사람들에게 따뜻함을 알게 해주고 공감 능력을 길러주겠다는 것이다. 눈물이 없는 사회는 죽은 사회라는 점에서 슬픔과 눈물은 사랑보다 더 소중하다. 따라서 슬픔과 눈물을 알게 해주는 것은 저주가 아니라 사랑이다.

눈물은 왜 짠가, 눈물은 짜야 눈물이다

눈물과 소금

정화작용
독소, 불순물 배출
향균 작용
부패 방지

눈물은
왜 짠가?

• 눈물은 왜 짠가

눈물에는 소금 성분이 들어있어서 약간 짠맛이 난다. 그러나 시인은 눈물이 짠 이유를 다른 데서 찾는다. 시인의 사고는 이성과 과학, 논리의 세계를 벗어나 있다. 시적 사고는 사고의 차원을 확대시킨다.

> 나는 얼른 이마에 흐른 땀을 훔쳐내며 / 눈물을 땀인 양 만들어 놓고 나서
> 아주 천천히 물수건으로 난 땀을 씻어냈습니다. / 그러면서 속으로 중얼거렸습니다.
> 눈물은 왜 짠가.
> - 함민복, 「눈물은 왜 짠가」 중에서

시인의 어머니는 설렁탕집에 가서 소금을 많이 넣었다며 설렁탕 국물을 더 달라고 한다. 고기를 사줄 수 없는 어머니는 더울 때일수록 고기를 먹어야 더위를 안 먹는다며 자식에게 고기 국물이라도 더 먹이기 위해 국물을 더 달라고 하고 식당 주인은 모르는 체하고 국물과 깍두기까지 더 갖다준다. 사랑과 인정이 넘치는 장면이다. 시인의 눈에는 참고 있던 눈물이 흐른다. 시인은 눈물을 땀처럼 만들어 놓고 훔쳐내는 척하며 눈물을 닦아내면서 속으로 중얼거린다. "눈물은 왜 짠가?" 그것은 어머니의 진한 사랑으로 간이 배었기 때문이다.

• 눈물은 짜야 눈물이다

물에 섞인 소금 성분은 인체의 정화작용을 한다. 염분은 몸속을 깨끗이 청소하고 부패를 방지하며 불순물, 독소, 노폐물 배출을 돕는다. 눈물은 소금과 같이 정화작용을 한다. 사람은 마음껏 울고 나면 가슴이 후련해지고 마음이 맑아지는 느낌이 든다.

아리스토텔레스는 「시학 poetics」에서 비극을 봄으로써 마음에 쌓여 있던 우울감, 불안감, 긴장감 등이 해소되고 마음이 정화되는 효과(katharsis, 정화, 배설을 뜻하는 그리스어)에 대하여 언급한 바 있다. 눈물은 이렇듯 종교적 의미(마음을 정화한다), 의학적 의미(몸 안의 불순물을 배출한다)를 갖고 있다. 눈물은 마음을 깨끗하게 할 뿐 아니라 안구의 습도를 유지하고 항균작용을 함으로써 눈을 보호하는 역할도 한다. 그래서 시인은 말한다.

> 눈물은 짜야 눈물이다.
> - 김옥림 시 제목

눈물은 무겁다

눈물은
무겁다

모든 눈물에는 사연과 곡절이 있다. 슬픔과 아픔, 회한의 눈물은 마음을 무겁게 짓누른다. 눈물은 사람을 주저앉게 하기도 하고 엎드리게 하기도 한다.

어떤 눈물은 너무 무거워서 엎드리며 울 수밖에 없다.
신이 그의 등에 걸터앉아 있기라도 한 듯
그의 허리는 퍼지지 않는다.
- 신철규, 「눈물의 중력」 중에서

감사의 눈물은 무거운 책임을 느끼게 한다. 기다림의 눈물은 굳어서 망부석이 된다. 첫사랑 그리움의 눈물은 무겁다.

첫사랑 아픔
수평선 저 멀리 아련히 떠올리는 날
촉촉이 흐른
눈물을 받아 마신 해변의 모래
눈물은 이다지로 무거운 것인가
- 이시카와 다쿠보쿠, 「나를 사랑하는 노래」 중에서

눈물은 다른 물과 섞이지 않는다

지상의 눈물 한방울이
세상을 따뜻하게 한다

눈물은 섞이지 않는다

눈물은 슬픔과 연민을 느끼게 하고 영혼을 맑게 한다. 조그마한 자비심이 천지간에 온화한 기운을 빚어내듯이 지상의 눈물 한 방울은 세상을 따뜻하게 한다.

인간의 마음은 힘으로 쉽게 무너뜨릴 수 없다. 그러나 눈물에는 쉽게 무너진다. 눈물의 힘은 강력하다. 눈물의 힘은 너무 강력하기 때문에 다른 물과 섞이지 않고 홀로 빛을 발한다.

그 많은 어제들 속에서
나의 추억은 깊은 바다를 이루어
바다 밑에서 보이지 않는 눈물 한 방울이
바닷물과 섞이지 않고 홀로
잠자지 않는 빛을 보내고 있습니다.
- 조병화, 「눈물 한 방울이」 중에서

눈물은 아름답다, 눈물은 향기롭다

배부른
슬픔

향기로운
눈물

아지랑이
눈물

• 눈물은 아름답다

눈물이 나도록 아름다운 광경을 보면 배가 부르다.

> 나는 그 모습이 눈물처럼 아름다워 물배가 부른데도 짜장면을 남기기 미안하여
> 마지막 면발까지 다 먹고 나니 더부룩하게 배가 불렀다…
> 그날 나는 분명 슬픔도 배불렀다.
> - 함민복, 「그날 나는 슬픔도 배불렀다」 중에서

시인은 중국집에 가서 짜장면을 시킨다. 점심시간에 맞춰 잠을 자주는 아기에게 고마워하며 명랑하게 전화를 받고 배달을 나가는 젊은 식당 주인 부부를 본다. 눈물처럼 아름다운 모습이다. 시인은 짜장면을 다 먹어서 배가 부르고 눈물처럼 아름다운 광경에도 배가 불러 포만감을 느낀다.

• 눈물은 향기롭다

눈물에는 향기가 있다. 전쟁터에 나간 아들의 안전을 위해 정화수를 떠놓고 기도하는 어머니의 눈물, 아픈 마음과 지친 영혼을 위로해주는 성자(聖者)의 눈물, 타인을 위해 흘리는 눈물, 그리움의 눈물에는 향기가 있다.

> 사람도 단풍드나봐 / 향기로운 눈물이
> - 김일연, 「향기로운 눈물」 중에서

눈물이 없는 세상, 연민을 모르는 사회, 공감 능력이 없는 사회는 메마른 사회다. 인공지능 시대의 자녀교육은 사랑과 연민, 공감 능력을 기르고 인성을 함양하는 데 중점을 두어야 한다.

> 아가야 봄 하늘에 피어오르는 아지랑이를 보면
> 이 세상 어딘가에 눈물은 있는가 보다.
> 아가야 너는 길을 가다가
> 한 송이 들꽃을 위로하는 사람이 되라.
> …
> 눈물을 노래하는 사람이 되라.
> - 정호승, 「새벽에 아가에게」 중에서

눈물을 잘라라

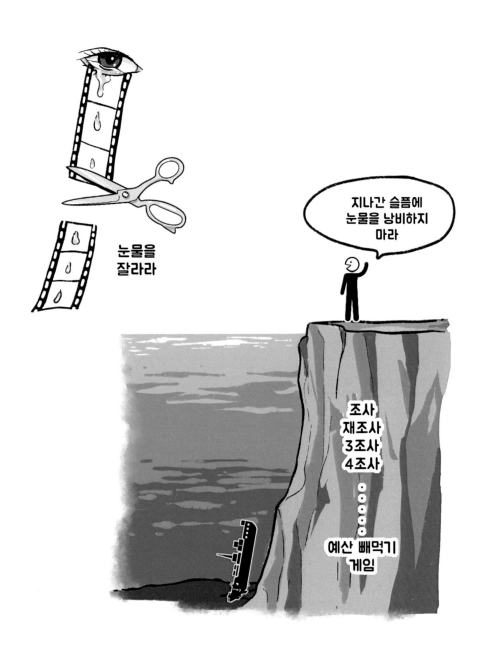

사람은 살아가면서 많은 시행착오를 겪는다. 뒤돌아보면 후회되는 일이 한두 가지가 아니고 미래에 대한 걱정도 하게 된다. 인생에서 소중하다고 생각되는 것을 실천하며 살아야 하는데 지나간 것에 대한 미련, 집착, 쫓기며 사는 인생은 그럴 여유가 없다.

과거에 대해서는 잘못된 점을 찾아내고 그것을 되풀이하지 않도록 하면 된다. 과거의 잘못이나 결함에 지나치게 집착하고 자책하는 죄의식은 아까운 세월을 낭비하게 만든다.

죽음이 뒤에서 나를 몰고 가는가

죽음이 앞에서 나를 잡아당기고 있는가.

그대로 세계는

눈물을 자르는 눈꺼풀처럼

단호하고 깊고 뜨겁게

나를 낳아주고 있으니

- 함민복, 「눈물을 자르는 눈꺼풀처럼」 중에서

뜨겁고 단호하게 순간순간을 사랑하며 삶에서 소중하다고 생각되는 것을 바로바로 실천하며 살아가야 하는데 세상에 휩쓸려 살다 보면 현실은 늘 딴전이어서 모든 것을 단호하게 잘라낼 수 없고 죽음에 쫓기거나 이끌려다닌다. 지나간 슬픔에 눈물을 낭비하지 말라는 서양 격언이 있다. 악마는 과거의 고통에 분노하고 매달리게 하여 인간의 활력을 빼앗고 서로 사랑하지 못하게 함으로써 세상을 파괴한다. 시인은 때로는 과감하게 눈물을 잘라야 한다고 한다.

질투는 나의 힘?

그때 내 마음은 너무나 많은 공장을 세웠으니

어리석게도 그토록 기록할 것이 많았구나

구름 밑을 천천히 쏘다니는 개처럼 지칠 줄 모르고 공중에서 머뭇거렸구나

내 희망의 내용은 질투뿐이었구나

짧은 글

그리하여 나는 우선 여기에 짧은 글을 남겨둔다

나의 생은 미친 듯이 사랑을 찾아 헤매었으나

단 한번도 스스로를 사랑하지 않았노라

- 기형도

사람들은 젊은 날 많은 꿈을 꾸고 계획을 세우고 성공을 위해 노력한다. 어떤 사람들은 그럴 듯한 대의를 내세우는 사람들에게 이끌려 그들과 연대하여 사회운동에 열정을 바치기도 한다. 그러나 젊은 시절의 이러한 방황과 열정이 진정 자신을 사랑하는 행위였는지에 대해서는 회의감이 들기도 한다.

그때 내 마음은 너무나 많은 공장을 세웠으니
어리석게도 그토록 기록할 것이 많았구나
구름 밑을 천천히 쏘다니는 개처럼
지칠 줄 모르고 공중에서 머뭇거렸구나
나 가진 것 탄식밖에 없어
저녁 거리마다 물끄러미 청춘을 세워두고
살아온 날들을 신기하게 세어 보았으니
그 누구도 나를 두려워하지 않았으니
내 희망의 내용은 질투뿐이었구나

...

나의 생은 미친 듯이 사랑을 찾아 헤매었으나
단 한번도 스스로를 사랑하지 않았노라

- 기형도, 「질투는 나의 힘」 중에서

시인은 헛된 이상에 매달려 무엇 하나 이루지 못한 채 허비한 젊은 날에 대하여 자신이 가졌던 희망은 자신을 사랑한 것이 아니라 질투였음을 고백하고 있다.

사람들은 무엇인가를 희망하고 그것을 실현하기 위해 열정을 불태운다. 그러나 그것은 타인이 좋다고 하는 삶에 대한 추종이거나 타인의 성공에 대한 질투일지도 모른다. 나는 공정과 평등을 내세우며 사실은 남을 깎아내리고 파멸시키려고 하였고 거기서 위안을 얻으려고 하지 않았는가? 그것은 나의 삶에 대한 열정이 아니라 남에 대한 부러움, 질투가 아니었던가? 타인을 시기하고 질투하고 깎아내리는 데 투자한 시간을 나의 발전을 위해 사용하였다면 나의 인생은 더 나은 삶이 되었을 것이다. 타인의 불행 속에서 기쁨을 찾고 남을 시기하느라 자신을 사랑하지 못하는 불행한 사람이 되지 말고, 자신의 재능을 발견하고 개성을 발전시키며 높은 목적의식, 소명의식을 가지고 당당하게 자기의 길을 가는 사람이 되자.

그리움이란 무엇인가?

소망

그리움

나
살아있어

흔들림

그리움

그리움

그리움은 보고 싶어 애타는 마음을 말한다. 그리움의 대상은 사람에 한정되지 않는다. 어디에가 보고 싶은 것도 그리움 때문이고 무언가를 해 보고 싶은 것도 그리움 때문이다.

인생길의 모든 만남에는 끝이 있고 모든 길을 가 볼 수 없기 때문에 사람들에게는 언제나 그리움이 남는다. 만남과 이별의 순환 속에 항상 무언가를 기다리고 소망하며 살아가는 것이 인생이라면, 인생 자체가 그리움이다.

> 소망이 남아 있다는 것은
> 아직도 나에게 삶이 남아있다는 거다.
> 삶이 남아있다는 것은
> 아직도 나에게 그리움이 남아있다는 거다.
>
> - 조병화, 「그리움」 중에서

만남과 헤어짐은 피할 수 없는 자연의 섭리이기 때문에 인간은 늘 무엇인가를 기다리고 그리워하며 살아간다. 기다리는 것, 소망하는 대상이 찾아온다 해도 나를 찾아오는 모든 것은 잠시 맞이했다가 떠나보내야 하는 것이다. 그렇다면 사랑도, 그리움도, 인생도 다 스쳐 지나가는 바람 같은 것이고 지나가는 세월 같은 것이다. 지나간 추억과 떠나간 것의 마지막 모습은 사람에게 흔적을 남기고 오랫동안 마음을 흔든다.

> 그대여, 그립다는 말을 아십니까 / 그 눈물겨운 흔들림을 아십니까
>
> ...
>
> 잠시 스쳐지나간 그대로 인해 나는 / 얼마나 더 흔들려야 하는지
> - 이정하, 「바람 속을 걷는 법 4」 중에서

그리움은 추억으로 오랫동안 가슴에 남는다. 그것은 온갖 사무침과 상념을 달고 떠나는 밤기차와 같다.

> 그리움은 잠자지 않는다.
> - 임은숙 시 제목

그리움은 남아 있는 마지막 열정, 마음의 여백까지 '너'에게 순간적으로 쏟아버리기 때문에 '생명이동'이라는 말로도 표현되고 있다(신달자, 「그리움」).

못난 그리움

못난
그리움

그리움은 바람처럼 세월처럼 오면 오는 대로 두었다가 가게 내버려두어야 하는 것이지만 득도하여 해탈의 경지에 오르지 않고서야 그게 마음대로 되지 않는다. 그리움은 미련이 되고 집착이되어 눈물로 남는다.

아침 햇살에 금방 녹는 여우 눈처럼
제 서러움에 겨워 눈자위 촉촉이 젖은
이 못난 그리움
- 김영천, 「기특한 일」 중에서

떨어지는 눈물은
정녕 그리움인 것을
추한 모습으로
지는 목련일지라도
니가 그리운 걸
어쩌란 말이냐
- 공석진, 「그리움」 중에서

그리움은 구겨진 종이와 같다. 잊어버리려고 구겨서 깊이 숨겨두었지만 차마 버리지는 못하고가끔씩 꺼내보는 종이 같은 것이다.

마음 한 장 꼬깃꼬깃 가슴속 갈피에 꽂았다가
지치고 바람 부는 일상의 골목 끝 돌아 앉아 가만히 꺼내 보는 것
정한 모서리 닳고 헤지도록
- 권경영, 「그리움이란」 중에서

그리움은 응답 없는 짝사랑이다. 혼자 사랑하는 정도가 심해 불확실한 사랑 대신 그리움과 기다림을 택하여 나 혼자 좋아하고 만족한다. 이런 그리움은 스토킹으로 변질될 우려가 있다.

내가 너를 얼마나 좋아하는지 너는 몰라도 된다.
너를 좋아하는 마음은 오로지 나의 것이요.
나의 그리움은 나 혼자만의 것으로도 차고 넘치니까
나는 이제 너 없이도 너를 좋아할 수 있다.
- 나태주, 「내가 너를」 중에서

기특한 그리움

그리움은
사랑보다
길다

기특한
그리움

무엇인가를 소망하고 그리워하는 것은 삶의 힘이 되어준다. 그리움의 대상을 기다리며 열정을 불태울 때는 피곤함을 느끼지 않고 항상 에너지가 넘친다. 그리움은 열정이 지나간 후에도 남는다. 그리움은 사랑보다 긴 사랑이다. 사랑이 지나간 후에도 그리움이 남아서 남은 열정을 다 쏟아붓는다. 떠나간 사람을 그리워하는 것은 아직도 그를 사랑한다는 것이고 지켜주고 싶다는 것이다. 모든 것이 돌아가도 그리움은 돌아가지 못하고 모두가 잠든 시간에도 그리움은 잠들지 못한다.

모두 잠든 그 시간에도

깜깜한 세상을 비추는 별빛처럼

그대가 알지 못하는 사이에도

내 그리움은 그대의 어둠을 비추고 있네.

…

그대여, 너무도 일상적이거나

무심히 지나치기 쉬운 것들이

다 그 근본에 그리움이 있으니

이 얼마나 기특한 일인가

- 김영천, 「기특한 일」 중에서

살아 있다는 것은 소망하는 것이 있다는 것이고 그리움을 간직하고 있다는 뜻이다. 무엇을 그리워하고 간절히 구한다 하여 구하는 것을 반드시 얻게 될지는 알 수가 없다. 그러나 그리움이 없다면 삶의 방향을 정할 수 없고 소명의식을 가지고 인생을 바르게 살아가기도 어렵다. 시인은 한평생 삶의 자락 어디메쯤 그리움 하나 독하게 키워 어두운 세상에서 사람들의 마음을 비추어주는 존재가 되라고 한다.

그리움의 색깔

하얀
그리움

그리움의 색깔

하얀
어두움

시인은 색깔이 없는 것에 색칠을 한다. 그리움에 색깔이 있다면 어떤 색일까? 그것은 각자의 기억에 따라 다를 것이다. 푸른 하늘을 바라보던 이는 푸른 색깔의 그리움을 볼 것이고 노을이 지던 바다를 보던 사람은 노을빛 그리움을 볼 것이다. 그러나 시인의 그리움은 하얀색이다. 까만 밤을 하얗게 태웠기 때문이다. 그리운 기억에는 붉은 노을, 푸른 바다, 백사장 은모래, 하얀 눈송이, 까만 밤, 연두색 버들피리, 누런 초가지붕 등 모든 빛깔이 섞여 있다. 모든 빛의 색깔을 섞으면 하얀빛이 되기 때문에 과학적으로 보더라도 그리움의 색깔은 하얀색이다.

내 그리움은 하얗다
그리운 것들은 참으로 하얗다
그리움이란 슬픈 이름 눈물지으며
까만 밤을 새 하얗게 태워버린 이는
알 수 있을 테지
- 인애란, 「그리움에 색깔이 있다면」 중에서

시인의 그리움은 하얀색이지만 어둠을 가슴에 묶어버렸기 때문에 하이얀 어두움이다. 그 안에는 시인이 돌아가고 싶은 날들의 풍경이 고스란히 담겨 있다. 그리움, 그것은 그냥 하얀빛이 아니라 어둠을 품고 있는, 슬프도록 아름다운 하얀빛이라는 것이다.

그리움의 시간, 그리움의 공간

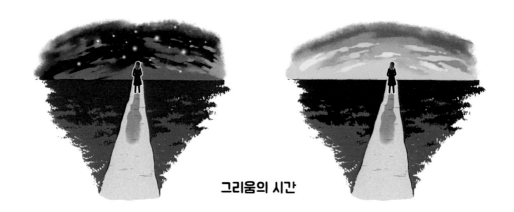

그리움의 시간

그리움의 공간

그리움은 돌아갈 곳이 없다

• 그리움의 시간

모두 잠든 시간에도 별들이 잠들지 않고 깜깜한 세상을 비추는 것처럼 그리움은 잠들지 않는다. 그리움은 그 대상이 떠난 뒤에도 끝나지 않는다. 열정과 감동이 사라진 후에도 남아 있는 마지막 열정과 마음을 다 쏟아붓는다는 점에서 그리움의 시간은 아주 길다.

열정이 식은 뒤에도 / 사랑해야 하는 날들이 있다

- 도종환, 「저녁 무렵」 중에서

가슴속에 사랑은 꽃잎처럼 졌어도 / 너에 대한 그리움은 아직 피어 있다

- 박인걸, 「벚꽃」 중에서

그리움의 시간은 과거로 소급하고 미래까지 이어진다는 점에서 무한히 확장되는 시간이다.

과거로 얼굴을 펼치고 / 미래로 표정을 그리는 사람
… 무표정이 진심이라는 풍문이 돈다.

- 차주일, 「그리움, 그 뻔한 것에 대하여」 중에서

• 그리움의 공간

그리움은 내가 뒤돌아보는 시야에 있는 공간이며 혼자 있는 공간으로서 유배지, 성역으로 표현되고 있다.

누군가 부르는 소리에 멈춰서면 / 뒤돌아보는 시야만큼 공간이 생긴다.
부른 사람이 보이지 않는 만큼 팽창하는 영토 / 자신을 발견할 수 있는 유배지
누구도 입장할 수 없는 성역

- 차주일, 「그리움, 그 뻔한 것에 대하여」 중에서

고달픈 인생길을 걸어오면서 세월은 저만치 가버리고 모든 것이 제자리로 돌아가도 마음속에는 항상 그리움이 남아 있기 때문에 그리움은 돌아갈 공간이 없고 그림자처럼 언제나 내 곁에 머문다.

그리움은 돌아갈 자리가 없다

- 천양희 시 제목

다정함도 병이 된다

다정함의 세계

다정도 병인 양하여

까치밥

정(情)은 사람 또는 다른 존재를 아끼고 위하는 마음이다. 정이 많다는 것은 따뜻함, 부드러움, 인간다움이 있다는 것이고 정이 많은 세상에는 평화와 안식이 있다.

사람들은 별것 아닌 말 한마디에도 감동받고 행복해한다. '괜찮아요'라는 말을 들으면 죄책감이 사라져 안도감이 생기고 '고마워요'라는 말을 들으면 뿌듯한 자신감이 생긴다. 다정함이 있는 자리에서는 그냥 눌러앉고 싶은 생각이 든다.

이곳에서 발이 녹는다.

무릎이 없어지고, 나는 이곳에서 영원히 일어나고 싶지 않다.

- 김행숙, 「다정함의 세계」 중에서

꽃이 피어 있는 풍경은 아름답지만 그 아름다움이 짧다는 것에 마음이 서글퍼진다. 노년이 되면 그 아름다운 풍경을 언제 다시 볼 수 있을까 하는 생각이 들고 지나간 일에 대한 여러 가지 상념으로 잠을 이루지 못한다. 다정함도 병이 되는 것이다.

이화에 월백하고 은한이 삼경인 제 / 일지춘심*을 자규야 알랴마는

다정도 병인 양하여 잠 못들어 하노라

- 이조년(고려 말 재상)

배꽃이 하얗게 피어 있는 봄밤, 달이 밝게 비칠 때 소쩍새가 울면 정이 많은 선비는 여러 가지 생각에 잠이 오지 않는다.

우리는 배고프고 힘든 시절에도 겨울철에 먹이를 구하지 못한 날짐승을 배려하여 까치밥을 남겨 두었고 그것은 동물들에게 따뜻한 등불이 되어주었다. 까치밥은 인간 외의 다른 존재들까지 배려하는 한국인 특유의 정(情)이고 지혜의 산물이다.

긴 장대 휘둘러 까치밥 따는 / 서울 조카 아이들이여

그 까치밥 따지 말라

남도의 빈 겨울 하늘만 남으면 / 우리 마음 얼마나 허전할까

- 송수권, 「까치밥」 중에서

---

* 일지춘심: 한 줄기의 춘정, 그리움

인생은 기다림이다

인생은 기다림이다

습관

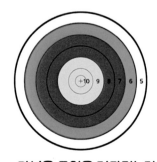

과녁은 무엇을 기다리는가

우리는 살아가면서 항상 무엇인가를 기다린다. 누구나 희망을 가지고 살아가기 때문이다. 연인을 기다리고, 집 떠난 자식을 기다리고, 고기잡이 나간 남편을 기다린다. 우체부를 기다리고, 손님 오기를 기다리고, 내 차례가 오기를 기다리고, 수업시간이 끝나기를 기다린다. 투자한 돈의 수익이 나오기를 기다리고 씨앗이 싹트기를 기다린다. 겨울은 봄을 기다리고 더운 여름은 시원한 가을과 풍성한 수확을 기다리고 과녁은 화살과 총알을 기다린다. 시인은 진창에 말의 씨앗을 파묻고, 낮고 어두운 곳에서 적시며 빛나는 말이 피어나기를 기다린다.

인생은 기다림으로 가득 차 있다.

> 기다림이라는 문패가 걸린 창
> 나는 늘 거기에 서있다.
> 습관처럼 고개를 내민다.
> - 송정숙, 「기다림」 중에서

얼마나 시간이 더 흘러야 기다림이 끝날 것인가? 끝날 때까지는 끝난 게 아니다. 기다림에는 희망과 불안이 섞여 있다. 기대는 실망으로, 희망은 절망으로 끝날 때가 많다. 그러나 그 후에 다시 희망→실망, 절망→희망의 사이클이 계속되고 간간이 기쁨과 환희의 순간을 맞이하게 된다. 세월은 희망과 절망, 기대와 실망이 섞여 지나가는 것이다.

인동초는 겨울 찬바람과 눈보라를 이겨내고 찬란한 태양 아래 꽃을 피운다. 그러나 사람에게는 기다린다고 해서 반드시 밝은 내일이 오고 행복이 찾아온다는 보장이 없다. 인생은 인고의 계절이 헛되지 않으리라는 불확실한 믿음 속에 고통과 외로움을 견디며 기다림 속에 살아가는 것이다.

> 조용히 기다려라, 희망 없이 기다려라.
> 희망은 그릇된 것에 대한 희망일 것이기 때문이다.
> - T.S. 엘리엇, 「사중주」 중에서

삶은 기다림에 속고 울면서 성숙해지고 깨달음을 얻어 가는 과정이다. 기다림이 없는 인생은 지루하다. 지루함을 이겨내려면 깨어 있으면서 변화의 흐름을 주시하고 익숙함에서 탈피해야 한다. 늘 새로운 것을 찾아나서야 하고 스스로를 변화시켜야 하며 새로운 희망과 기다림으로 채워 나가야 한다.

기다리는 시간은 행복한 순간이다

기다리는 순간은
행복한 시간

기다리는 시간

설렘의 시간

오늘날은 모든 것이 기계화되고 빠르고 편리해져서 기다릴 필요가 없어졌다. 현대 산업문명에서 시간낭비는 악덕이며 기다리는 시간은 비효율적인 시간, 삶을 녹슬게 하는 시간, 인생을 좀먹는 무용한 시간이다.

현대인들은 기다림을 못 참는다. 과거에는 발을 동동 구르고 초조해하고 조바심을 내며 사람을 기다렸다. 그러나 오늘날은 기다리는 사람의 간절함, 애타는 마음이 사라졌다. 정성과 사랑이 식었고 사랑이 발효되는 시간이 사라졌다. 오늘날은 "편지를 전해주는 배달부가 싸리문도 못 가서 복받치는 기쁨에 나는 울었소(박금호, 「향기 품은 군사우편」)"라는 노래 가사와 같은 감동의 순간이 없다. 시인들은 소중한 기다림이 사라진 것을 안타깝게 생각한다. 현대문명이 추구하는 합리성, 효율성에는 냉정함이라는 비효율성, 비합리성이 있다(경제적 효율성은 행복의 효율성과 다르다).

시인에게 기다리는 시간은 삶을 녹슬게 하는 무용한 시간이 아니라 '너에게로 가는 시간'이다.

> 내 가슴에 쿵쿵거리는 모든 발자국 따라 / 너를 기다리는 동안 나는 너에게 가고 있다.
> - 황지우, 「너를 기다리는 시간」 중에서

생텍쥐페리의 『어린 왕자』에서 여우는 "기다리는 이가 네 시에 온다면 나는 세 시부터 행복할 것"이라고 말한다. 여우에게 기다림은 "어느 하루를 다른 날과 다르게 만들고, 어느 한 시간을 다른 시간들과 다르게 만드는 것"이고 기다리는 시간은 "마음을 치장하는 시간"이며 '너'의 모습을 그려 보며 빛나는 순간을 기다리는 "설렘의 시간"이다.

> 네가 오는 모습을 그려 보는 게 / 좋다
> 천천히 / 아주 천천히 오는 기다림이다
> 비어있는 건 모두 / 부시게 빛이 난다
> - 이응인, 「천천히 오는 기다림」 중에서

시인은 기다림을 안다. 기다리는 가슴 속에 그리움을 간직하고 있기 때문에 시인은 산길을 걸으면서도 '그대'가 흔들어대는 풍경에 마음이 행복하다.

> 기다림이 만남을 목적으로 한 풍경이 아니라 해도
> 사랑보다 먼저 기다림의 습성을 배운 이력으로
> 오늘 하루 참으로 행복했습니다.
> - 이희숙, 「기다림의 습성」 중에서

기다림이 있는 사랑이 좋다

기다리는 심정

기다림이 있는 사랑

오지 않는 사람을 기다리는 동안에는 마음이 초조하고 걱정이 되고 조바심이 난다. 불안감으로 신경이 예민해져서 나뭇잎 소리, 물방울 소리도 발자국 소리로 들린다.

너를 기다리는 동안

다가오는 모든 발자국은

내 가슴에 쿵쿵거린다.

바스락거리는 나뭇잎 하나도 다 내게로 온다.

- 황지우, 「너를 기다리는 동안」 중에서

기다림은 사람을 지치고 녹슬게 만든다. 그러나 기다림에는 그리움이 있기 때문에 기다림이 있는 사랑이 좋다.

"익숙함은 경멸을 낳는다(Familiarity breeds contempt)", "익숙함은 감탄을 만들어내지 못한다"는 말처럼 너무 자주 만나고 부대끼고 살다 보면 그리움이 없고 서로의 소중함을 모르게 된다. 따라서 어떤 사람들은 그리움이 있는 사랑, 주말부부와 같은 사랑을 더 좋아한다. 시인은 아주 헤어지는 것이 아니고 다시 돌아올 사랑이라면 잠깐씩 사라지는 일, 잠시 헤어져 보는 것도 아름다운 일일 것이라고 한다.

… 풋풋한 사랑이 기다림 속에서 커가고

보고 싶을 때 못 보는

습벅습벅한 가슴일지라도

다시 돌아올 사랑이 있음으로

사는 것이 행복한 것이리라

- 성백원, 「기다림」 중에서

사랑하는 사람들은 자기 혼자서만 기다린다고 생각하지만 사실은 그렇지 않다. 보이지 않는 곳에서 많은 기다림이 있었고 서로가 그리움을 숨겨 왔을 뿐이다.

너만 기다리게 했다고 날 욕하지 말라

나도 보이지 않는 곳에서

너만큼 기다렸다

- 이생진, 「기다림」 중에서

사랑을 기다림으로 바꾸다

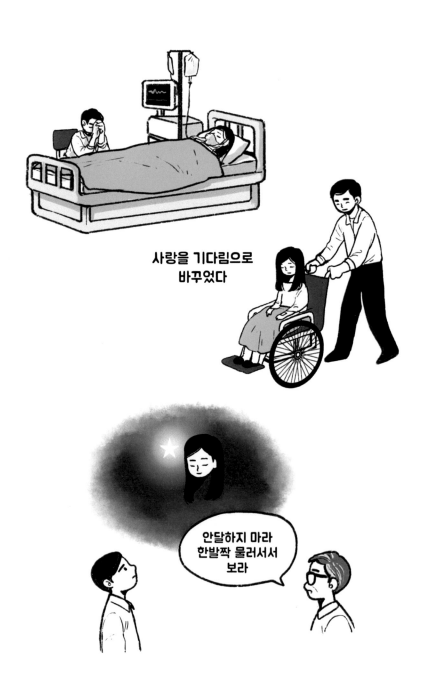

어떤 사람들은 너무 사랑해서 사랑 대신 기다림을 택한다.

진실로 진실로 내가 그대를 사랑하는 까닭은
내 나의 사랑을 한없이 잇닿은 그 기다림으로
바꾸어 버린 데 있었다.

- 황동규, 「즐거운 편지」 중에서

기다림에는 조급함이 없고 욕정, 소유욕도 덜하다. 상대의 반응이 없어도 좋고 상대가 메아리 없는 산이 되어도 좋다. 시인은 '그녀'를 너무 사랑해서 뜨거웠다가 식어지는 사랑 대신 '기다림'을 택하였고 자신의 사랑을 '한없이 잇닿은 기다림'이라는 영원한 사랑, 지고지순한 사랑, 진정한 사랑으로 바꾸었다고 한다. 이것은 짝사랑이다. 짝사랑의 맹세는 일방적인 감정의 약속이고 감정은 우리의 의지대로 되지 않는다. 지금의 '기다림의 자세'는 그대로 유지될 수도 있고, 언젠가 그칠 수도 있고, 없어질 수도 있으며, 형태가 변할 수도 있다. 연상의 여대생에게 '기다림의 사랑'이라는 즐거운 편지를 남긴 소년은 그 사실을 깨달아 가며 성숙한다.

이루어지지 않는 사랑을 기다리다가 사랑이 오기도 전에 지쳐서 쓰러질 수도 있다. 시인은 사랑할 때는 너무 기다리지도 말고, 너무 사랑하지도 말고, 안달하지도 말고 어느 정도 거리를 두고 보라고 한다.

기다림이란 푹푹 꺼져가는 것
사랑한다는 것은 꽃잎처럼
다치기 쉬운 것
안달한다는 것은
이별을 재촉하는 것
…

오늘 밤엔 별을 보듯
한발짝 물러서서 그를 보세요.

- 유한나, 「기다림에 지친 그대에게」 중에서

시인은 사랑하는 일에는 개척자의 용기가, 기다리는 일에는 어머니의 인내가, 안달하기보다는 숨을 들이키는 지혜가 필요하다고 한다. 이것은 인생의 희로애락을 경험하고 체득한 사람이 '기다림에 지친 그대'에게 전하는 중요한 깨달음이다.

상처는 아름답다

상처입은 나무가
그늘을 만든다

상처가 있다는 것은
남을 먹여가며
키웠다는 뜻이다

상처입은 풀에서
향기가 난다

상처 입은 사람은 남의 아픔을 안다. 남의 아픔을 알기 때문에 상처를 보듬어줄 수 있고 타인을 포근하게 감싸줄 수 있다.

마을의 큰 느티나무에는 상처가 많다. 그 느티나무는 그늘을 만들어 마을 사람들을 쉬게 한다.

> 품이 넓은 나무일수록
> 그늘이 기인 나무일수록
> 수많은 상처의 자국
> …
> 그 상처의 힘으로
> 새 가지를 뻗어
> 넓고 깊은 그늘을 드리운다.
> - 강경호, 「상처가 그늘을 만든다」 중에서

상처가 많다는 것은 위험을 더 많이 겪었다는 것이다. 가족을 먹여 살리기 위해 또는 국가와 민족을 위해 희생하였다는 흔적이기도 하다. 그래서 그 흔적은 아름답다.

> 나뭇잎이
> 벌레 먹어서 예쁘다.
> …
> 남을 먹여가며 살았다는 흔적은
> 별처럼 아름답다.
> - 이생진, 「벌레 먹은 나뭇잎」 중에서

사람들은 살아가면서 고통을 겪고 상처를 받는다. 그러나 상처는 위기극복 능력을 기르고 위기에 잘 대처할 수 있게 해주어 성공으로 이끈다. 상처로 인해 울 수 있었던 날들은 삶을 따뜻하게 한다. 상처는 꽃을 피우고 향기를 내뿜는다.

> 베어진 풀에서 향기가 있다.
> …
> 상처가 내뿜는 향기에 취해 / 나는 아픈 것도 잊는다.
> 상처도 저토록 아름다운 것이었다.
> - 김재진, 「풀」 중에서

상처의 탄성

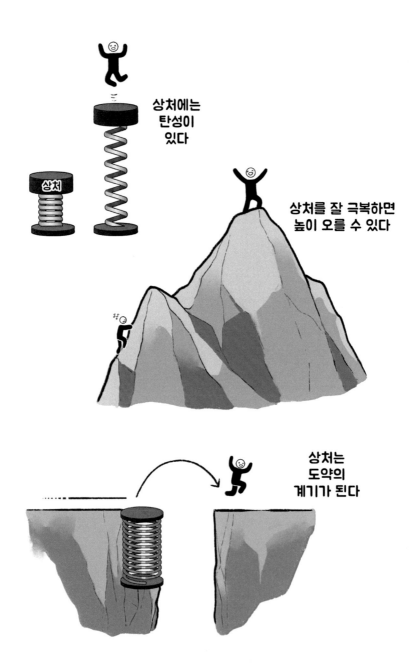

상처에는
탄성이
있다

상처

상처를 잘 극복하면
높이 오를 수 있다

상처는
도약의
계기가 된다

사람들은 고통을 겪으면서 상처를 받은 후 타인을 좀 더 존중하고 이해하게 되며 좀 더 관용적으로 된다. 또 고통을 잘 극복함으로써 위기를 관리하고 대처할 수 있는 능력을 기르게 된다. 상처에는 다시 일어서게 하는 힘, 용수철 같은 복원력이 있다.

상처의 용수철이 없다면
삶은 무게에 짓뭉그러진 나비알
상처의 용수철이 없다면
존재는
무서운 사과 한 알의 원죄의 감금일 뿐
죄와 벌의 화농*일 뿐
- 김승희, 「솟구쳐 오르기 2」 중에서

굳은 땅에서 파란 싹이 솟아오르고 넝쿨장미는 가시를 딛고 담장을 오르고 민들레는 시멘트 조각을 밀어낸다. 상처를 잘 극복하면 솟구쳐오르고 날 수 있지만 그렇지 못하면 썩어서 고름이 되고 상처의 트라우마에 갇혀서 죄책감과 절망감으로 힘든 삶을 살아가야 한다.

고통과 상처를 겪은 사람은 몸과 마음이 단련되어 어려운 일을 잘 헤쳐나갈 수 있고 쓸모 있는 사람이 된다. 상처에는 탄성이 있고 다시 일어서게 하는 복원력이 있다. 상처의 경험은 사람을 성숙케 하여 한층 더 도약시키는 계기가 된다.

역경과 곤궁은 사람을 단련하는 용광로요 망치다.
그 단련을 받으면 몸과 마음이 함께 유익하고
그 단련을 받지 않으면 몸과 마음이 모두 손해다.
- 『채근담』

---

* 화농: 상처에 생긴 고름

외로움은 인간의 숙명이다

모든 존재는 외롭다

인간은 사회적 동물로서 집단과 사회 속에서만 인간다운 삶을 살아갈 수 있다. 인간이 사회를 벗어나게 되면 수많은 욕망을 만족시켜줄 다양한 수단을 확보할 수 없고 안전도 확보되지 않은 채 약육강식, 적자생존의 냉혹한 자연법칙에 따라 살아가야 한다. 인간의 자아실현과 행복은 사회 안에서만 실현이 가능하며 야수나 신이 아닌 이상 인간은 홀로 외롭게 살아갈 수 없다. 사회 속에서 다른 사람과 관계를 맺으며 살아가야 하는 인간은 사랑해서 외롭고 세상에 대한 집착이 있어서 외롭다. 사랑과 집착의 강도가 셀수록 외로움의 정도도 커진다.

인간은 수많은 집단을 형성하여 도시와 문명을 이룩하고 살아가지만 모든 사람은 바람을 맞고 추위에 떨고, 아파하고 방황하며 각자의 인생길을 간다. 모든 사람의 인생은 자기에 이르는 길이며 집단 속에서도 사람은 누구나 외딴 섬과 같은 존재이다.

> 이 세상 모두가 섬인 것을
> 천만이 모여 살아도
> 외로우면 섬인 것을
> - 이생진, 「외로울 때」 중에서

다른 사람들과 함께 있다고 하여도 누구도 나 대신 배고파줄 수 없고 아파줄 수도 없으며 슬퍼해줄 수도 없다. 누가 옆에서 공감해주고 같이 웃어주고 울어줄 수는 있어도 궁극적으로 인간은 혼자이며 언제까지나 나와 함께 있는 것은 공기뿐이다.

살아간다는 것은 원래 외로운 일이며 외로움은 인간에게 숙명적인 것이다.

> 울지마라. 외로우니까 사람이다.
> 살아간다는 것은
> 외로움을 견디는 일이다.
> - 정호승, 「수선화에게」 중에서

홀로 있음을 힘들어하지 말라

홀로있는 시간은
나를 비춰보는 시간

혼자 있을 때가
더 당당하고
아름다울 때가 있다

권력에 아첨하다가
만고에 처량한 사람이
되지 말라

사람은 집단과 사회 속에서 소통하며 서로 돕고 다른 사람들에 대한 진정한 이해와 화합을 이룰 때 인간다운 삶을 살아갈 수 있다. 그러나 사회 속에서 인간미를 나누고 미덕을 실천하며 살아가는 사회적 삶 못지않게 홀로 있는 시간도 필요하다. 홀로 있는 시간은 나를 비춰볼 수 있는 내면적 성찰의 시간이다.

> 홀로 있는 시간은 쓸쓸하지만
> 아름다운 호수가 된다
> - 이해인, 「고독을 위한 의자」 중에서

'너 자신을 알라'고 한 소크라테스는 인간은 이성적 존재로서 끊임없는 사색과 반성을 통해 자신의 영혼을 돌봄으로써 선악을 구분할 수 있고 올바른 것을 행할 수 있다고 하였다. 사람은 혼자 있는 시간에 자신을 조용히 들여다볼 수 있고 내면의 목소리를 들을 수 있다. 이런 시간을 가짐으로써 내가 올바르게 살아 왔는가를 되짚어보고 해야 할 일과 하지 말아야 할 일을 분별하며 충실하고 밀도 있는 삶을 살아갈 수 있다.

혼자 있는 시간은 자신의 정체성을 돌아보는 계기가 될 뿐 아니라 개성을 기르고 자신을 잘 가꾸어 자기답게, 당당하게 살아갈 준비를 하는 시간이다.

> 두 셋이서 피어있는 꽃보다
> 오직 혼자서 피어 있는 꽃이
> 더 당당하고 아름다울 때가 있다.
> - 나태주, 「혼자서」 중에서

외로움은 인간에게 잠시 그림자를 드리울 뿐 다시 희망을 자라게 한다. 외로움 속에서는 삶에 대한 욕망이 커진다. 영웅은 고독하다. 개척자, 창조자, 구도자 모두 외로운 사람들이다. 그들은 새로운 길을 열고 역사에 한 획을 긋는다. 그들에게는 창조의 기쁨과 삶의 환희가 있다.

도덕을 지키며 살아가는 사람은 외롭고 권세에 아부하며 살아가는 사람은 부귀영화를 누리고 주변에 사람이 많이 모인다. 그러나 권력에 아첨하여 얻은 부귀영화는 일시적인 것이고 시간이 지나면 만고의 처량한 신세가 된다. 『채근담』에서는 "잠시 적막할지언정 만고의 처량함을 취하지 말라"고 하였다. 도리를 깨우친 사람은 세상일에 현혹되지 않고 옳은 길을 간다.

외로움의 극복

세상의 모든 존재들은 외로움을 느낀다

모든 관계의 근원에는
필요와 이해관계가
있다

세상의 모든 것들은 홀로 존재할 수 없기에 외로움을 느낀다. 시인이 보기에는 하늘은 이 세상이 쓸쓸하여 들판에 꽃을 피우고 허공에 새들을 날게 하고 파도를 바위에 부딪치게 한다. 사람이 글을 쓰고 노래를 부르고 사랑을 하는 것도 외로움 때문이다(도종환, 「쓸쓸한 세상」). 산 그림자는 외로움에 겨워 한번씩 마을로 내려오고 새들이 나뭇가지에 앉아 있는 것도 외로움 때문이다(정호승, 「수선화에게」).

사람들은 주변에 항상 친구들이 있다고 생각하지만 정작 누군가를 만나고 싶을 때 가장 외로운 순간에는 막상 만날 사람이 없음을 느낄 때가 있다.

모두 다
제 멋에 취해 우정이니
사랑이니 멋진 포장을 해도
때로는 서로의 필요 때문에
만나고 헤어지는 우리들
텅 빈 가슴에 생채기가
찢어지도록 아프다

- 용혜원, 「살아가면서 가장 외로운 날엔」 중에서

우리는 살아가면서 수많은 관계를 맺고 살아가지만 대부분 필요와 이해관계로 맺어지고 진정한 이해와 소통을 이루지 못한다. 그래서 결혼을 하고 자식도 낳아 가족을 만들지만 그 관계도 이해관계로부터 완전히 자유롭지는 않다. 가장 외로운 날 가슴을 열고 함께 웃고 울어줄 사람은 실제로 별로 많지 않다. 에피쿠로스는 "평생 행복을 누리기 위해 지혜로 준비해야 할 것들 중 가장 큰 것은 우정이다"라고 하였다. 인간은 누구나 홀로 될지도 모른다는, 따돌림당할지도 모른다는 실존적 두려움이 있기 때문에 인간관계를 가꾸고 건강하게 유지하는 일은 매우 중요하다. 행복을 위해서는 욕망(재산, 명예, 권력에 대한 욕망)을 줄이고 인간관계를 가꾸는 일이 더 낫다는 것이다.

무인도에 단 한 가지만 가지고 갈 수 있다면 친구를 데리고 가는 것이 제일 낫다는 말이 있다.

욕망과 집착을 버리고 영혼을 가꾸고 좋은 인연을 맺어라. 인연을 소중히 생각하되 만남과 이별은 항상 반복된다는 진리를 받아들이고 마음의 평정을 유지하라. 그것이 외로움에서 벗어날 수 있는 길이다.

혀는 선과 악의 원천이다

칼이 되는 말
화(火)가 되는 말

꽃이 되는 말
빛(光)이 되는 말

혀는 잘 사용하면 아주 좋은 것이고 함부로 사용하면 그보다 나쁜 것이 없다. 혀가 만들어내는 어떤 말에는 빛과 향기가 있고 어떤 말에는 살기가 있다. 혀는 사람을 살리기도 하고 죽이기도 한다.

혀는

칼이 되기도 하고

꽃이 되기도 한다.

화(火)가 되기도 하고

빛이 되기도 한다.

…

혀 뿌리가 무섭다.

- 박덕중, 「혀」 중에서

"꽃향기는 십 리를 가고 말의 향기는 백 리를 간다"는 말이 있듯이 배려하는 말, 품격 있는 말은 세상을 빛나게 한다. "좋아요", "잘했어요", "훌륭해요", "고마워요", "사랑해요", "미안해요", "괜찮아요" 같은 좋은 말은 사람에게 자신감과 긍정적 에너지를 준다. 위대한 리더는 사람들에게 용기를 주고 단합하게 하여 조직의 성과를 드높인다. 입안의 혀를 잘 사용할 때 그것은 칼집 속의 보검이 된다. 한편 거친 말, 험한 말은 사람에게 상처를 주고 조직의 인화와 단결을 해칠 뿐 아니라 사회를 오염시킨다.

사회주의 사상가인 마르크스는 '독설의 대가', '지적 깡패', '가학적 지식인 자객'으로 불렸고 반대자에게 엄청난 모욕과 조롱을 주는 특별한 재주가 있었다. 사회주의 사상은 모순을 확대, 왜곡하여 감정적 미사여구와 기만적 언어로 증오를 부추겨 대중을 선동하고, 사회주의 지도자들은 그들의 권력의지를 도덕적 의분인 양 위장해 대중을 속여 권력을 탈취한다.

거짓말은 폭력과 함께 사회주의, 공산주의 독재체제를 움직이고 지탱하는 양대 축이다. 사회주의, 공산주의 사상과 전략·전술을 공부한 사회주의 운동권 그룹 내에서는 거친 말을 쓸수록 인기가 있고 용기 있고 대찬 '장군'이라는 칭호를 얻는다. 또 그들의 나팔수 노릇을 하는 매체는 사기꾼을 동원하여 그럴듯한 거짓말을 퍼뜨리고 날조된 사실로 반대세력을 비웃고 모욕하고 낄낄대며 지지자들의 인기를 얻는다. 이런 사람들에게 입속의 혀는 보검이 아니라 사람을 찌르는 창검, 남을 해치는 흉기가 된다. 사회주의, 공산주의 사상가들은 칭찬과 찬양 대신 증오와 저주를 쏟아내 서로 싸우게 함으로써 이득을 얻고 세상을 파괴한다.

똑똑한 혀, 간사한 혀

혀는 볼 수도 없고 들을 수도 없고 맛을 느끼기만 하지만 한번 맛본 것은 절대로 잊지 않을 정도로 똑똑하다.

뇌도 없는 것이 / 어찌나 약삭빠른지
눈은커녕 귀마저 없이 / 칙칙한 굴속에 누워 빈둥대다가도
무엇이 들어오면 금방 알아
기억력 하나 귀신같은 것
- 권오범, 「혀」 중에서

혀는 어떤 말도 지어낼 수 있다. 그리스 시대 소피스트들은 말만 잘하면 거짓을 진실로 바꿀 수 있고 토론에서 이길 수 있고 재판에서도 이길 수 있다고 생각하였기 때문에 돈을 받고 변론술을 가르치기도 했다. 혀만 가지고 살아가는 사람들은 온갖 허언과 궤변으로 대중을 속이고 지지자들 사이에서 인기도 얻어 방송 출연, 저서 판매 등을 통해 많은 돈을 벌기도 한다. 사악한 정치꾼들은 자신의 이익을 위해 세 치 혀를 날름거리며 자신을 변호하거나 자기 진영의 잘못을 덮는다. 그들은 자기 편 사람이 증거를 숨기는 것을 나쁜 수사기관의 증거조작을 막기 위한 증거보존행위라고 말하고 자기 진영 사람들의 범죄는 정의로운 행위라고 말하며 범죄자는 검찰개혁, 사법개혁을 하려다가 나쁜 검찰과 사법부로부터 수모를 당하는 희생자라고 말한다. 이들은 허위와 가식으로 세상을 속이고 반대세력을 악마화하여 큰 죄업을 쌓는다.

혀만 가지고 사는 사람들
혀로 기만하고 돌아서서
낼름 내미는 카멜레온의 혀들
눈뜨면 혀부터 다듬고
혀에 입힐 옷에 대하여
고민하는 사람들
- 박만식, 「혀」 중에서

혀는 똑똑하고 유연하지만 간사하기 때문에 잘못 놀리면 화근이 되어 먼저 자기를 찌른다. 말은 무희의 뒤축에 밟힌 꽃잎처럼 하찮게 보일지라도 시체를 담은 관까지 흔들흔들 일어나 참나무 다리로 걸어가게 만드는 위력이 있다(블라디미르 마야콥스키, 「미완성의 시」). 사람은 혀를 잘못 놀려 쓸데없이 무덤을 파지 말고 인내심과 분별력을 길러야 한다. 종교에서 묵언수행을 하는 이유는, 혀가 만들어내는 수많은 망상과 번뇌로부터 벗어나 마음을 닦기 위해서이다. 혀가 없을 때 마음은 진실을 말하기 때문이다.

혀는 뛰어난 연장이다

혀는 부드럽다. 몸에서 가장 단단한 뼈와 치아는 마모되기도 하고 부러지기도 하지만 혀는 닳지도 않고 부러지지도 않는다. 강철은 녹슬지만 혀는 녹슬지도 않고 죽을 때까지 멀쩡하다. 혀는 유연하고 탄력성이 있어서 여러 가지 일을 한다. 맛을 감별하고 남의 일에 참견하고 성감대를 자극하고 남에게 비수를 꽂거나 돌직구를 날리기도 한다. 혀는 말로써 먹고사는 사람들을 먹여 살리는 뛰어난 연장이다.

다 꺼내봤자 세치밖에 안되는 것으로

…

궁한 내 삶을 먹여 살리는 / 이 연장의 탄성에 쩝! 입맛을 다신다.

…

이것 이리저리 휘둘러대는 덕분에 내 몸 거둬 먹고 살고 있다면 / 이처럼 믿을 만한 연장도 없다.

- 김나영, 「연장론」 중에서

사회주의자들은 인간성의 취약한 면(공격성, 충동성, 시기, 질투, 분노, 증오 등)을 이용하여 대중을 선동하여 권력쟁취의 도구로 삼는데 이들은 혀를 가장 유용한 연장으로 사용한다. 사회주의, 공산주의 사상과 전략, 전술을 공부한 사람들은 인간을 유죄그룹과 무죄그룹, 적군과 아군으로 구분하여 분노의 대상을 정하고 그들을 악마로 만들어 공격함으로써 권력을 쟁취한다. 그들은 인간들 사이에 대립을 과장하는 신어(新語)를 창조하는 데 천재적이다. 그들은 현실을 부정하고 문제의 해결책을 찾고자 하는 합리적 담론을 배격하고 실체 없는 주술적 구호를 만들어 계속 반복함으로써 대중을 세뇌시킨다. 이것은 그들의 필요에 맞도록 대중의 행동을 조작하기 위한 것이다.

마르크스류의 사회주의 사상에 기반을 두고 있는 좌파적 언어는 사회주의 운동권 세력이 행하는 모든 것을 사회정의를 위한 투쟁으로 미화하고 엘리트와 책임을 맡은 사람들에 대한 분노를 쏟아낸다. '특권', '기득권', '착취' 등의 용어는 증오심을 부추기기 위한 용어다. 세상이 불공평한 것은 인간의 본성, 노력의 차이 때문이 아니라 가진 자들의 탐욕과 착취 때문이라고 주장하는 사회주의 운동권 세력은 구호만으로 서로 뭉치고 분노의 대상을 정해 공격을 퍼붓는다. '검찰개혁', '토착왜구', '뇌송송 구멍탁', '피해 호소인' 등은 좌파 운동권 세력이 만들어낸 신어(新語)다. '검찰개혁'은 좌파 진영 권력형 범죄자들이 검찰 수사를 방해하기 위해 만든 용어, '토착왜구'는 반대세력을 친일파로 몰기 위해 만든 용어, '뇌송송 구멍탁'은 미국 소고기 먹으면 뇌에 구멍이 뚫리고 쓰러져 죽는다는 반미운동을 위한 사기적 구호, '피해 호소인'은 자기 편 성추행 가해자를 변호하고 피해자를 공격하기 위해 만든 용어다. 좌파 운동권 세력은 지도자 그룹에서 만들어준 위와 같은 용어를 주술적 구호처럼 외치면서 수뇌부에서 좌표를 찍어준 대상에 대하여 마치 사이비 종교의 광신도들처럼 섬뜩한 공격을 퍼붓는다. 세 치밖에 안 되는 연장은 엄청난 죄를 만들어 내고 그 죄가 세상을 덮는다.

나무의 혀

침묵하는 혀

말을 버리고
마음을 가볍게 하라

시는 가슴에서
꺼내는 것

기형도 시인의 「입속의 검은 잎」은 침묵하는 혀를 말한다. 홍일표 시인의 나뭇잎은 나무뿌리에 서부터 끌어올린 나무의 혀(낱말들)이다. 가을이 되면 나무는 나뭇잎을 떨구어 몸을 가볍게 한다. 사람이 말을 버림으로 마음을 가볍게 하는 것과 같다.

뿌리로부터 끌어올리던

허다한 낱말들

…

점점 붉게 타는 혀

스스로 제 혓바닥을 다 태워

말을 버리니

마침내 알몸으로 홀홀 떠오르는

가을 나무

- 홍일표, 「불타는 혀」 중에서

임영석 시인의 은행나무 잎은 은행나무의 혀다. 은행나무는 가을이 되면 나뭇잎을 떨굼으로써 혀를 잘라내고 은행알을 떨굼으로써 눈알도 뽑아낸다. 눈과 혀가 없는 은행나무는 보고도 못 본 척, 들어도 못 들은 척하며 천년 세월을 가슴(나무껍질)에 묻고 있다. 이러한 은행나무는 시인에게 시의 스승이다. 시는 보고 들은 것을 잘 수식해서 보기 좋게, 듣기 좋게 만들어내는 것이 아니라 오랫동안 희로애락을 겪으며 가슴에 담긴 것을 꺼내는 것이며 그렇게 함으로써 주옥같은 시, 불멸 의 시가 나올 수 있기 때문이다.

언제라도 떨어져 나갈 듯한 두꺼운 껍질은

천년 세월을 비집고 들어간 발자국처럼

내 시의 벌집같이 꿀을 담아두고 있었다.

…

은행나무 시의 스승께서

시를 쓰려면 세 치 혀를 자르고

천년 만년 읽을 수 있는

지문 같은 시를 쓰라 한다.

- 임영석, 「시를 쓰려거든 세 치 혀를 자르라」 중에서

희망은 삶의 노래다

희망은
삶의 노래다

희망은 삶의 진통제

희망

희망은 구름 같은 것

노래는 고달픈 삶을 위로해준다. 눈물어린 인생 고개를 허덕이며 넘고 또 넘어가려면 노래라도 불러야 한다. 희망은 인생의 노래다. 희망이 없이는 인생 고개를 넘어갈 수 없기 때문이다. 우리는 희망을 노래하고 희망의 노래를 들으며 인생 고개를 넘어간다.

> 희망은 한 마리 새 / 영혼 위에 걸터 앉아
> 가사 없는 곡조를 노래하며 / 그칠 줄 모른다.
> - 에밀리 디킨슨, 「희망은 한 마리 새」 중에서

희망은 모진 비바람 속에서도, 추위 속에서도, 낯선 곳에서도 언제나 우리 곁에서 달콤한 노래를 부른다. 이 노래가 있기 때문에 인간은 나쁜 일이 있어도 결코 절망하지 않고 살아간다.

희망은 삶의 진통제, 영혼의 양식이다. 아무리 나쁜 일이 생겨도 희망은 항상 우리에게 달콤하게 속삭인다. "다음에는 꼭 좋은 일이 있을 것"이고 "이번의 실패는 다음의 더 큰 성공을 위한 디딤돌"이며 "신은 당신을 위해 더 나은 계획을 가지고 있다"라고. 나쁜 일이 생기는 어떤 곳에서도 항상 의지할 수 있는 희망이 있기 때문에 인간은 용기를 잃지 않고 살아간다. 희망이 있는 인간은 결코 무너지지 않는다. 희망은 그것이 거짓일지라도 인간으로 하여금 끝까지 살아가게 하는 힘과 열정을 준다.

새뮤얼 베케트의 「고도를 기다리며」에 나오는 두 사람은 저녁 무렵 시골길의 나무 아래서 고도를 기다린다. 고도는 "오늘은 못 오지만 내일은 온다"는 것이고 꼭 온다고는 하지 않았지만 언젠가 올지도 모르기 때문에 고도를 기다리게 한다. 연극이 끝날 때까지 고도는 오지 않는다.

우리는 왜 살아야 하는가? 희망을 갖고 기다려야 하기 때문이다. 내가 바라는 미래는 오지 않을 수도 있고 존재하지 않을 수도 있다. 그러나 인생에는 많은 변화가 있기에 희망을 버릴 수는 없다. 희망은 영혼의 양식이며 우리의 삶을 지탱하게 하는 요소이다.

희망과 기다림은 세상을 살아가는 방식이다. 인생은 희망과 기다림에 속고 울면서 깨달음을 얻어 가는 과정이다.

> 하늘 위 구름송이 같은 희망이여!
> 나는 동서남북 사방을 이끌고
> 발걸음도 가벼이 내일로 간다.
> - 천상병, 「희망」 중에서

희망은 안에 있다

희망은 안에 있다

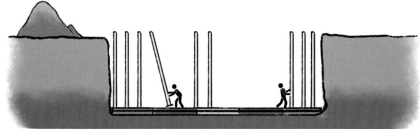

썩은 거름 위에서 새싹이 돋아나고 상처 밑에서 새살이 돋는다. 열매 안의 작은 씨앗이 큰 나무가 되고, 가난의 절망 속에서 수만 명을 먹여 살리는 기업가가 탄생한다. 행운과 축복은 고통의 보자기에 싸여 있으니 희망은 항상 안쪽에, 특히 절망의 안쪽에 있다.

안에서 절망을 끌어안고 뒹굴어라
희망의 바깥은 없다.
- 도종환, 「희망의 바깥은 없다」 중에서

희망은 보이지 않는 곳에서 일한다. 보이지 않는 땅속의 씨앗이 터지고, 뿌리를 내리고, 가지를 뻗어 잎을 내고 꽃을 피우는 것처럼 희망은 보이지 않게 일한다. 많은 사람들은 희망이 일을 하기 시작할 때쯤, 성공 직전에 희망을 버린다. 그러나 희망을 쉽게 포기하지는 말라. 당신의 때가 가까워지고 있다.

내 뜻대로 펼쳐지지 않는다고
희망에게서 등 돌리지 마
만져지지 않지만 살아있고
들리지 않지만 일하고 있는
희망의 손길은 먼 듯 가까이 있어
- 남정림, 「희망에 기대 봐」 중에서

건물을 지을 때는 땅에 상처를 내고 기초공사를 하고 주춧돌과 기둥을 세우고, 나무는 땅을 파고 뿌리를 내려 주춧돌을 세우고 기둥을 튼튼하게 하여 자란다. 이처럼 희망은 절망 안에서 자라고 상처를 바탕으로 해서 일어선다.

희망은 절망에서 자라는 것
…
절망도 따뜻하게 품에 안자
- 최일화, 「승화」 중에서

희망은 열쇠다

희망을
놓는 사람

절
망

희
망

희망은 열쇠다

韜 光 養 晦
도 광 양 회

자신을 드러내지 않고
때를 기다리며
실력을 기른다

희망은 닫혀 있는 곳, 막혀 있는 곳을 열 수 있는 열쇠가 된다. 길이 없는 곳, 빛이 없는 캄캄한 곳에서도 희망의 서광이 비치면 길을 찾을 수 있다. 희망을 잃어버린다는 것은 열쇠를 잃어버린다는 것과 같다. 시인은 열쇠를 잃어버린다는 사소한 사건에서 깨달음을 얻는다.

열쇠를 잃어버린 뒤에야
문도 벽이 될 수 있음을 알았다
- 이승협, 「열쇠를 잃어버리다」 중에서

희망을 잃어버리게 되면 열쇠를 잃어버리는 것처럼 문이 있어도 들어갈 수 없다. 그러나 열쇠 수리공은 문을 쉽게 연다. 여기서 시인은 또 한번 깨달음을 얻는다.

열쇠 수리공은 너무 쉽게 문을 열었다.
벽은 나의 밥이지요.
세상 어디에도 벽은 있고
모든 벽이 더욱 튼튼해질수록
나의 희망도 커져만 가죠.
- 이승협, 「열쇠를 잃어버리다」 중에서

열쇠 수리공에게는 막혀 있는 벽이 수익원이 된다. 열어야 할 벽이 많을수록 수익이 많아진다. 닫혀 있는 벽이 그에게는 희망이 되는 것이다. 세상을 살아가다 보면 무너뜨려야 할 벽이 많고 해결해야 할 문제도 많다. 그것은 마음속에 희망을 항상 간직하고 실력을 길러 두면 그만큼 할 일도 많고 기회도 많다는 것을 뜻한다.

세상 모든 일은 희망으로 이루어졌다. 희망을 말하는 사람에게 길이 열린다.

'희망' 하고 발음을 한다.
…
내 입술은 피어나는 꽃잎이 된다.
- 김선호, 「희망을 자주 발음하는 이유」 중에서

벽이 있는 곳, 빛이 없는 곳, 길이 없는 곳에서 희망이 시작된다. 실패했다고 주저앉지 마라. 희망이 보이지 않는다고 실망하지 마라. 바닥에 있거나 어둠 속에 있어도 항상 희망을 말하고 실력을 길러 두자. 당신의 때가 가까이 오고 있다.

희망은 철길과 같다

희망은 무겁다

희망은 길고 끈질기다

희망은
만날 기약이
없다

끝없이 이어진 철길에서 시인은 희망의 모습을 본다. 철길은 우리를 부른다. 희망을 가지고 떠나라고 한다. 그러나 그 길을 따라 끝까지 간다 하더라도 내가 희망하는 것을 만난다는 보장은 없다.

철길이 철길인 것은
만날 수 없음이
당장은, 이리도 끈질기다는 것이다
- 김정환, 「철길」 중에서

철길은 끝없이 이어지고 기차는 희망을 싣고 달려간다. 철길을 밟고 지나가는 사람들의 희망은 무거운 책임감이고 그만큼 절실함이 있었기에 희망은 힘든 인생을 버텨오게 하였다.

무너져 내리지 못하고
철길이 철길로 버텨온 것은
그 위를 밟고 지나간 사람들의
희망이, 그만큼 어깨를 짓누르는
답답한 것이었다는 뜻이다.
- 김정환, 「철길」 중에서

삶이 있는 동안 인간은 언제나 희망을 가지고 있고 희망은 희미하고 불확실하다는 점에서 철길처럼 끈질기고, 길고, 거무튀튀하다.

철길은 희망이 항상 그랬던 것처럼
끈질기고, 길고
거무튀튀하다.
- 김정환, 「철길」 중에서

철길은 어디에선가 끝난다. 인생도 어디쯤에서 끝난다. 삶이 고달파도 희망이 있기에 인생은 견딜 만한 것이며 인생은 희망을 가지고 끝까지 달리는 것이다. 인생에서의 인연도 언젠가는 끝난다. 철길처럼 일정한 간격을 유지한 채 계속 이어지지만 영원히 하나가 될 수는 없다. 인생의 동반자도 두 갈래 철길처럼 외로움과 그리움을 간직한 채 같은 방향으로 가다가 어디쯤에서 인연이 끝나게 된다. 모든 것은 오래 머물지 않아서 아름다운 것이니 현재의 인연을 소중히 여기고, 있을 때 최선을 다하라.